大方廣佛華嚴經卷第十五

賢首品第十二之二

大方廣佛華嚴經

일러두기

1. 『대방광불화엄경 강설』 원문原文의 저본底本은 근세에 교정이 가장 잘 되었다고 정평이 나 있는 대만臺灣의 불타교육기금회佛陀教育基金會에서 출판한 『화엄경소초華嚴經疏鈔』본입니다.

2. 『대방광불화엄경 강설』은 실차난타實叉難陀가 695년부터 699년까지 4년에 걸쳐 번역해 낸 80권본卷本 『대방광불화엄경』을 우리말로 옮기고 강설을 붙인 것입니다.

3. 『대방광불화엄경』은 애초 산스크리트에서 한역漢譯된 경전이지만 현재 산스크리트 본은 소실된 상태입니다. 산스크리트를 음차한 경우 굳이 원래 소리를 표기하려고 하기보다는 『표준국어대사전』이나 『불교사전』 등에 등재된 한자음을 사용하는 것을 원칙으로 하였습니다.

4. 경문의 한글 번역은 동국역경원본을 참고하여 그대로 또는 첨삭을 하며 의미대로 번역하고 다듬었습니다.

5. 각 품마다 내용에 따라 단락을 나누고 제목을 달았습니다. 단락의 제목은 주로 청량淸凉스님의 견해에 기초하였고 이통현李通玄장자의 견해를 참고로 하였습니다.

6. 『대방광불화엄경 강설』의 발행 순서는 한역 경전의 편재 순서를 기준으로 하였고 각 권은 단행본 한 권씩으로 출간될 예정이며 모두 80권으로 완간됩니다. 다만 80권본에 빠져 있는 「보현행원품」은 80권본 완역 및 강설 후 시리즈에 포함돼 추가될 예정입니다.

7. 『대방광불화엄경 강설』 안에서 불교용어를 풀이한 것은 운허스님이 저술하고 동국역경원에서 편찬한 『불교사전』을 인용하였습니다.

8. 각주의 청량스님의 소疏는 대만에서 입력한 大方廣佛華嚴經 사이트의 것을 사용하였습니다.

9. 『대방광불화엄경 강설』 입법계품에 들어가는 문수지남도는 북송北宋시대 불국佛國선사가 선재동자가 53명의 선지식을 친견하여 법을 구하는 장면을 하나하나 그림으로 그린 것입니다.

대방광불화엄경 강설
제 47 권

三十三. 불부사의법품佛不思議法品 2

실차난타實叉難陀 한역
무비스님 강설

서문

    장소와 모습과 시간에 따라 불사를 짓습니다.

    불자여, 일체 모든 부처님이 혹은 아란야에 있으면서 불사를 짓습니다.

    혹은 고요한 곳에 머물면서 불사를 짓습니다.

    혹은 텅 비고 한가한 곳에 있으면서 불사를 짓습니다.

    혹은 부처님이 머무는 곳에 있으면서 불사를 짓고, 혹은 삼매에 머물러서 불사를 짓고, 혹은 동산의 숲에 혼자 머물면서 불사를 짓고, 혹은 몸을 감추고 나타나지 않으면서 불사를 짓습니다.

혹은 깊은 지혜에 머물러서 불사를 짓고, 혹은 모든 부처님의 견줄 데 없는 경계에 머물면서 불사를 짓고, 혹은 다 볼 수 없는 여러 가지 몸과 행에 머물러서 모든 중생들의 마음과 좋아함과 지혜를 따라서 방편으로 교화하기를 쉬지 아니하면서 불사를 짓습니다.

혹은 천신의 몸으로 일체 지혜를 구하면서 불사를 짓고, 혹은 용의 몸과 야차의 몸과 건달바의 몸과 아수라의 몸과 가루라의 몸과 긴나라의 몸과 마후라가의 몸과 사람인 듯 아닌 듯한 이들의 몸으로 일체 지혜를 구하면서 불사를 짓습니다.

혹은 성문의 몸과 독각의 몸과 보살의 몸으로 일체 지혜를 구하면서 불사를 짓기도 합니다.

　　어떤 때는 법을 말하고 어떤 때는 고요히 하여 불사를 짓고, 혹은 한 부처님을 말하고 혹은 여러 부처님을 말하여 불사를 짓습니다.

　　혹은 여러 보살의 일체 행과 일체 원으로 한 행과 한 원을 삼는다 말하여 불사를 짓고, 혹은 모든 보살의 한 행과 한 원으로 한량없는 행과 원을 삼는다 말하여 불사를 짓습니다.

혹은 부처님의 경계가 곧 세간의 경계라 말하여 불사를 짓고, 혹은 세간의 경계가 곧 부처님의 경계라 말하여 불사를 짓고, 혹은 부처님의 경계가 곧 경계가 아니라 말하여 불사를 짓습니다.

혹 하루를 머물고, 혹 하룻밤을 머물고, 혹 반 달을 머물고, 혹 한 달을 머물고, 혹 일 년을 머물고, 내지 말할 수 없는 겁을 머물면서 모든 중생을 위하여 불사를 짓나니, 이것이 광대한 불사입니다.

2016년 9월 15일
신라 화엄종찰 금정산 범어사
如天 無比

대방광불화엄경 목차

대방광불화엄경 강설 제47권

三十三. 불부사의법품佛不思議法品 2

4. 법을 설하다

대방광불화엄경 강설

제47권

三十三. 불부사의법품 2

4. 법을 설하다

8) 부처님의 자재自在를 답하다

(4) 부처님의 열 가지 광대한 불사佛事

1〉 도솔천에 태어나다

불자 제불세존 유십종광대불사 무량무
佛子야 **諸佛世尊**이 **有十種廣大佛事**가 **無量無**

변 불가사의 일체세간 제천급인 개불
邊하야 **不可思議**라 **一切世間**에 **諸天及人**이 **皆不**

능지 거래현재 소유일체성문독각 역불능
能知며 **去來現在**의 **所有一切聲聞獨覺**도 **亦不能**

지 유제여래위신지력
知요 **唯除如來威神之力**이니라

"불자여, 모든 부처님 세존께는 열 가지 광대한 불사
佛事가 있으니, 한량없고 그지없고 헤아릴 수 없어서 일체 세간의 모든 천신과 사람이 모두 알지 못하고, 과거 미래 현재에 있는 일체 성문과 독각들도 또한 알지 못하고, 오직 여래의 위신력은 제외하느니라."

부처님의 열 가지 광대한 불사佛事란 도솔천에 태어나고, 어머니의 태에 들어가고, 왕궁에 탄생하고, 세속을 버리고 출가하여 수행하고, 정각을 이루는 등 부처님의 일생이 낱낱이 큰 불사가 된다. 부처님이 하시는 일은 모두 불사이지만 중생이 하는 일은 모두 중생의 일이다. 왕 노릇을 하든 부처 노릇을 하든 꿈속에서 하는 일은 낱낱이 다 꿈속의 일이지만 깨고 나서 생시에 하는 일은 무엇이든 모두 다 사실인 것과 같다. 꿈속에서 꿈을 꾸는 사람이 어찌 꿈 밖의 일을 알겠는가. 부처님의 일을 일체 세간과 천신과 성문과 독각은 알지 못한다.

하등   위십   소위일체제불   어진허공변

何等이 **爲十**고 **所謂一切諸佛**이 **於盡虛空徧**

법계일체세계도솔타천　　개현수생　　수보살
法界一切世界兜率陀天에 **皆現受生**하사 **修菩薩**

행　　작대불사
行하야 **作大佛事**하사대

　"무엇이 열인가. 이른바 일체 모든 부처님이 온 허공
과 법계에 가득한 일체 세계의 도솔천에 태어나서 보살
의 행을 닦아 불사를 짓느니라."

　먼저 석가세존은 진허공변법계盡虛空徧法界 일체 도솔천에
서 다 같이 태어나서 보살행을 닦아 큰 불사를 짓는다.

무량색상　　무량위덕　　무량광명　　무량음
無量色相과 **無量威德**과 **無量光明**과 **無量音**

성　무량언사　　무량삼매　　무량지혜　소행경
聲과 **無量言辭**와 **無量三昧**와 **無量智慧**의 **所行境**

계　섭취일체인천마범사문바라문아수라등
界로 **攝取一切人天魔梵沙門婆羅門阿修羅等**하사

대자무애　　대비구경　　평등요익일체중생
大慈無礙하며 **大悲究竟**하야 **平等饒益一切衆生**호대

"한량없는 상호와 한량없는 위덕과 한량없는 광명과 한량없는 음성과 한량없는 말씀과 한량없는 삼매와 한량없는 지혜의 行(행)하는 경계로써 일체 사람과 천신과 마왕과 범천과 사문과 바라문과 아수라 등을 거두어 주는데, 크게 인자함이 걸림 없고 크게 가엾이 여김이 구경에 이르러 일체 중생을 평등하게 요익케 하느니라."

한량없는 상호와 한량없는 위덕과 한량없는 광명과 한량없는 음성과 한량없는 말씀과 한량없는 삼매 등으로 사람과 천신과 마왕과 범천과 사문과 바라문과 아수라 등을 거두어 주며, 크게 인자함이 걸림 없고 크게 가엾이 여김이 구경에 이르러 일체 중생을 평등하게 이익하게 한다.

혹 령생천   혹 령생인   혹 정기근   혹 조
或令生天하며 或令生人하며 或淨其根하며 或調

기심   혹 시위설 차별삼승   혹 시위설 원 만
其心하며 或時爲說差別三乘하며 或時爲說圓滿

일 승　　보 개 제 도　　영 출 생 사　　시 위 제 일
一乘하사 普皆濟度하야 令出生死하나니 是爲第一

광 대 불 사
廣大佛事니라

　"혹 천상에 나게 하고 혹 인간에 나게 하며, 혹 감관
[根]을 깨끗이 하고 혹 마음을 조복하며, 혹 차별한 삼
승三乘을 말하며 혹 원만한 일승一乘을 말하여, 두루 다
제도하여 생사에서 벗어나게 하나니, 이것이 첫째 광대
한 불사이니라."

　부처님이 처음 도솔천에 태어났다는 사실로 인하여 수많
은 이들을 천신으로 태어나게 하며, 수많은 이들을 사람으
로 태어나게 하며, 혹은 성문이나 연각이나 보살이나 일불
승을 설하여 널리 제도하여 생사에서 벗어나게 한다. 이러한
일이 곧 부처님의 광대한 불사를 짓는 일이다.

2〉 어머니의 태에 들어가다

불자   일체제불   종도솔천   강신모태
佛子야 一切諸佛이 從兜率天으로 降神母胎하사대

이구경삼매   관수생법   여환여화   여영여
以究竟三昧로 觀受生法이 如幻如化하며 如影如

공   여열시염   수락이수   무량무애
空하며 如熱時焰하사 隨樂而受하야 無量無礙하야

입무쟁법   기무착지   이욕청정   성취광
入無諍法하고 起無着智하야 離欲淸淨하야 成就廣

대묘장엄장   수최후신   주대보장엄누각
大妙莊嚴藏하며 受最後身하사 住大寶莊嚴樓閣하야

이작불사
而作佛事하사대

"불자여, 일체 모든 부처님이 도솔천에서 내려와서
어머니의 태에 들어갈 적에 구경의 삼매로 태어나는 법
을 관찰하되, 환영과 같고 허깨비와 같고, 그림자와 같
고 허공과 같고, 아지랑이와 같아서 좋은 데에 태어남
이 한량없고 걸림이 없으며, 다툼이 없는 법에 들어가
고 집착이 없는 지혜를 내어 탐욕을 여의고 청정하여
광대하고 미묘한 장엄의 광[藏]을 성취하며, 가장 뒤의

몸[最後身]을 받아서 큰 보배로 장엄한 누각에 있으면서
불사佛事를 짓느니라."

모든 부처님이 도솔천에서 내려와서 어머니의 태에 들어
가는 불사이다. 어머니의 태에 들어가는 일이 환영과 같고,
허깨비와 같고, 그림자와 같고, 허공과 같고, 아지랑이와 같
아서 좋은 데에 태어남이 한량없고 걸림이 없다. 이번에 어머
니의 태에 들어가서 사람으로 태어나고는 다시는 사람으로
태어나지 않는다. 그래서 가장 뒤의 몸[最後身]을 받아서 큰
보배로 장엄한 누각에 있으면서 불사를 짓는다고 하였다.

가장 뒤의 몸[最後身]이라는 것은 생사에 유전하는 가장 마
지막 몸을 말한다. 소승불교에서 아라한이 되면 다시는 사
람의 몸을 받지 않고 영원한 열반에 든다는 뜻에서 하는 말
이다. 그러나 대승보살불교에서는 세세생생 다시 인간으로
태어나기를 거듭하면서 중생을 교화하는 것을 목적으로 하
기 때문에 미래제가 다할 때까지 몸을 받아 다시 돌아와야
한다. 그래서 등각等覺을 의미하기도 한다. 이미 등각이 되면
천만 번을 다시 태어나도 태어나는 것이 아니다. 그러므로

등각을 최후신이라고도 하는 것이다.

혹이신력　　이작불사　　혹이정념　　이작
或以神力으로 而作佛事하며 或以正念으로 而作

불사　　혹현신통　　이작불사　　혹현지일
佛事하며 或現神通하야 而作佛事하며 或現智日하야

이작불사　　혹현제불광대경계　　이작불사
而作佛事하며 或現諸佛廣大境界하야 而作佛事하며

"혹은 신력으로 불사를 짓기도 하고, 혹은 바른 생각
으로 불사를 짓기도 하고, 혹은 신통을 나타내어 불사
를 짓기도 하고, 혹은 지혜의 태양[智日]을 나타내어 불
사를 짓기도 하고, 혹은 모든 부처님의 광대한 경계를
나타내어 불사를 짓기도 하느니라."

혹현제불무량광명　　이작불사　　혹입무
或現諸佛無量光明하야 而作佛事하며 或入無

수광대삼매　　이작불사　　혹현종피제삼매
數廣大三昧하야 而作佛事하며 或現從彼諸三昧

기   이 작 불 사
起_{하야} 而作佛事_{하나니라}

"혹은 모든 부처님의 한량없는 광명을 나타내어 불사를 짓기도 하고, 혹은 수없이 넓고 큰 삼매에 들어 불사를 짓기도 하고, 혹은 저러한 모든 삼매에서 일어나 불사를 짓기도 하느니라."

일체 모든 부처님이 도솔천에서 내려와 어머니의 태에 들어가서 온갖 모습을 다 나타내어 불사를 짓는다. 신력을 나타내기도 하고, 바른 생각을 나타내기도 하고, 신통을 나타내기도 하는 등으로 불사를 짓는다.

불 자   여 래 이 시   재 모 태 중   위 욕 이 익 일
佛子_야 如來爾時_에 在母胎中_{하야} 爲欲利益一

체 세 간   종 종 시 현   이 작 불 사
切世間_{하사} 種種示現_{하야} 而作佛事_{호대}

"불자여, 여래께서 그때 어머니의 태胎 안에 있으면서 일체 세간을 이익하게 하려고 갖가지로 나타내어 불

사를 짓느니라."

소위혹현초생　혹현동자　혹현재궁
所謂或現初生하며 或現童子하며 或現在宮하며

혹현출가　혹부시현성등정각　혹부시현
或現出家하며 或復示現成等正覺하며 或復示現

전묘법륜　혹시현어입반열반　여시개이
轉妙法輪하며 或示現於入般涅槃하사 如是皆以

종종방편　어일체방　일체망　일체선　일
種種方便으로 於一切方과 一切網과 一切旋과 一

체종　일체세계중　이작불사　시위제이광대
切種과 一切世界中에 而作佛事가 是爲第二廣大

불사
佛事니라

"이른바 혹 처음 탄생함을 나타내고, 혹 동자를 나타
내고, 혹 궁전에 있음을 나타내고, 혹 출가함을 나타내
고, 혹 평등한 정각 이룸을 나타내고, 혹 미묘한 법륜
굴림을 나타내고, 혹 열반에 드심을 나타내기도 하느니
라. 이와 같이 갖가지 방편으로써 일체 방위와 일체 그

물[綱]과 일체 돏[旋]과 일체 종種과 혹 일체 세계 안에서 불사를 짓나니, 이것이 둘째 광대한 불사이니라."

여래께서 어머니의 태胎 안에 있으면서 일체 세간을 이익하게 하려고 갖가지로 나타내어 불사를 짓는데 이미 태중에서 출생의 모습과 동자의 모습과 궁중에 있는 모습과 출가하는 모습과 정각을 이루는 모습과 미묘한 법륜을 굴리는 모습과 심지어 열반에 드는 모습까지 나타낸다. 곧 어머니 태중에 있는 최초의 순간에 80생애가 다 나타난 것이다. 한 순간이 한량없는 세월이라는 내용 그대로다. 이와 같이 누구나 모태 중에 있을 때 이미 한 생애가 결정된다. 이러한 이치를 안다는 것은 실로 큰 불사이다.

3) 왕궁에 탄생하다

불자   일 체 제 불   일 체 선 업   개 이 청 정
佛子야 一切諸佛이 一切善業이 皆已淸淨하며

일 체 생 지   개 이 명 결   이 이 생 법   유 도 군
一切生智가 皆已明潔하사대 而以生法으로 誘導群

미   영 기 개 오   구 행 중 선   위 중 생 고   시
迷하사 令其開悟하야 具行衆善하야 爲衆生故로 示

탄 왕 궁
誕王宮하며

　"불자여, 일체 모든 부처님이 일체 착한 업業이 이미
청정하였고 일체 나는 지혜가 이미 깨끗하여졌으나, 나
는 법으로 여러 미혹한 이들을 인도하여 깨닫게 하며
여러 가지 착한 일을 행하게 하며 중생을 위하여서 왕
궁에 탄생함을 보이느니라."

　일 체 제 불   어 제 색 욕 궁 전 기 악   개 이 사 리
　一切諸佛이 於諸色欲宮殿妓樂에 皆已捨離하사

무 소 탐 염
無所貪染하며

　"일체 모든 부처님이 모든 물질과 욕망과 궁전과 춤
과 음악을 다 이미 여의어 탐하거나 물들지 아니하느
니라."

常觀諸有가 空無體性하야 一切樂具가 悉不眞

實하며 持佛淨戒하야 究竟圓滿하며

"모든 있는 것이 공空하여 자체의 성품이 없고 일체 향락의 기구가 진실하지 않음을 항상 관찰하며, 부처님의 청정한 계율을 지니어 끝까지 원만케 하느니라."

觀諸內宮의 妻妾侍從하고 生大悲愍하며 觀諸

衆生의 虛妄不實하고 起大慈心하며 觀諸世間이 無

一可樂하고 而生大喜하며 於一切法에 心得自在하야

而起大捨하며

"모든 내궁內宮의 처첩과 시종들을 보고는 크게 어여 삐 여기는 마음을 내고, 모든 중생들이 허망하여 진실하지 아니함을 보고는 크게 사랑하는 마음을 내고, 모든 세간世間이 하나도 즐거울 것이 없음을 보고는 크게 기뻐하는 마음을 내고, 일체 법에 마음이 자재함을 얻고는 크게 버리는 마음을 내느니라."

부처님은 왕궁에 탄생하면서 이미 중생을 위한 육바라밀의 마음과 네 가지 한량없는 마음인 사무량심을 일으킨 것이다.

사무량심四無量心은 한없는 중생을 어여삐 여기는 네 가지의 마음이다. 자무량심慈無量心은 무진無瞋을 체體로 하여 한량없는 중생에게 즐거움을 주려는 마음이다. 처음은 자기가 받는 낙樂을 남도 받게 하려고 뜻을 두고, 먼저 친한 이부터 시작하여 널리 일체 중생에게까지 미치게 하는 것이다.

비무량심悲無量心은 무진無瞋을 체로 하여 남의 고통을 벗겨 주려는 마음이다. 처음은 친한 이의 고통을 벗겨 주기로 하고 점차로 확대하여 다른 이에게까지 미치는 것이다.

희무량심喜無量心은 희수喜受를 체로 하여 다른 이로 하여금 고통을 여의고 낙을 얻어 희열喜悅케 하려는 마음이다. 처음은 친한 이부터 시작하여 점점 다른 이에게 미치는 것이 위와 같다.

사무량심捨無量心은 무탐無貪을 체로 하여 중생을 평등하
게 보아 원怨·친親의 구별을 두지 않으려는 마음이다. 처음
은 자기와 아무런 관계가 없는 이에 대하여 일으키고, 점차
로 친한 이와 미운 이에게 평등한 마음을 일으키는 것이다.
무량한 중생을 상대相對로 하며, 또 무량한 복과福果를 얻으
므로 이렇게 무량이라 이른다.

구 불 공 덕   현 생 법 계   신 상 원 만   권 속
具佛功德하야 現生法界하야 身相圓滿하고 眷屬

청 정   이 어 일 체   개 무 소 착
淸淨호대 而於一切에 皆無所着하며

"부처님의 공덕을 갖추고 일부러 법계에 태어나면
몸매가 원만하고 권속이 청정하지만 모든 것에 집착함
이 없느니라."

부처님은 왕궁에 탄생하면서 이미 공덕을 갖추고 일부러
법계에 태어나면 몸매가 원만하고 권속이 청정하지만 모든

것에 집착함이 없다.

이 수 류 음　　　위 중 연 설　　　영 어 세 법　　심 생
以隨類音으로 **爲衆演說**하사 **令於世法**에 **深生**

염 리　　　여 기 소 행　　　시 소 득 과
厭離하야 **如其所行**하야 **示所得果**하며

　　"여러 종류를 따르는 음성으로 대중에게 연설하여 그로 하여금 세상법에 대하여 싫어하는 마음을 깊이 내게 하고, 행行하는 대로 과보果報를 얻게 됨을 보이느니라."

　　부처님은 왕궁에 탄생하면서 이미 여러 종류를 따르는 음성으로 대중에게 연설하여 그로 하여금 세상법에 대하여 싫어하는 마음을 깊이 내게 하고, 행하는 대로 과보를 얻게 됨을 보인다.

부이방편　　수응교화　　미성숙자　영기
復以方便으로 **隨應教化**하사 **未成熟者**로 **令其**

성숙　　이성숙자　　영득해탈　　위작불사
成熟하고 **已成熟者**로 **令得解脫**하야 **爲作佛事**하야

영불퇴전
令不退轉하며

"다시 방편을 써서 근기에 맞추어 교화하되 성숙하
지 못한 이는 성숙하게 하고, 이미 성숙한 이는 해탈을
얻게 하며, 그들을 위하여 불사를 지어 퇴전하지 않게
하느니라."

부처님은 왕궁에 탄생하면서 이미 방편을 써서 근기에 맞
추어 교화하되 성숙하지 못한 이는 성숙하게 하고, 이미 성
숙한 이는 해탈을 얻게 하며, 그들을 위하여 불사를 지어 퇴
전하지 않게 한다.

부이광대자비지심　　　항위중생　　설종종
復以廣大慈悲之心으로 **恒爲衆生**하야 **說種種**

법
法하며

"또 광대한 자비심으로 항상 중생을 위하여 갖가지 법을 설하느니라."

　우 위 시 현 삼 종 자 재　　영 기 개 오　　심 득 청
又爲示現三種自在하사 **令其開悟**하야 **心得清**
정
淨하며

"또 세 가지 자유자재함[三種自在]을 나타내어 그들로 하여금 깨닫게 하여 마음을 청정케 하느니라."

　부처님은 왕궁에 탄생하면서 이미 광대한 자비심으로 항상 중생을 위하여 갖가지 법을 설하며, 세 가지 자유자재함[三種自在]을 나타내어 그들을 깨닫게 한다. 세 가지 자유자재함으로는 사전에 사종자재四種自在를 들었다. 네 가지 자유자재한 것인데 보살이 수행하는 지위 중 십지十地의 제8 부동지不動地 이상에 이를 때에 얻는 네 가지 자재이다. ① 무분별

자재無分別自在는 제8지 보살은 억지로 생각하지 않더라도 무슨 일이든지 할 수 있는 것이며 ② 찰토자재刹土自在는 제8지 보살은 여러 세계에 마음대로 가서 나는 것이며 ③ 지자재智自在는 제9지 보살은 온갖 것을 아는 지혜를 얻어 마음대로 교화하는 것이며 ④ 업자재業自在는 제10지 보살은 번뇌 악업에 얽매임이 없는 것이다. 이 사종자재가 경문의 삼종자재에 해당하는지는 상고할 길이 없다.

수 처 내 궁　　중 소 함 도　　이 어 일 체 제 세 계 중
雖處內宮하야 衆所咸覩나 而於一切諸世界中에

시 작 불 사　　이 대 지 혜　　이 대 정 진　　시 현 종
施作佛事하사 以大智慧와 以大精進으로 示現種

종 제 불 신 통　　무 애 무 진　　항 주 삼 종 교 방 편
種諸佛神通하사대 無礙無盡하야 恒住三種巧方便

업
業하나니

"비록 궁전 내에 있음을 여러 사람이 다 보지만 일체 모든 세계에서 불사를 지으며, 큰 지혜와 큰 정진으

로 모든 부처님의 갖가지 신통을 나타내 보이기를 걸림 없고 그지없이 하며, 항상 세 가지 교묘한 방편의 업에 머무느니라."

소위신업　구경청정　　어업　상수지혜이
所謂身業이 **究竟淸淨**하며 **語業**이 **常隨智慧而**

행　　의업　심심　　무유장애　이시방편
行하며 **意業**이 **甚深**하야 **無有障礙**니 **以是方便**으로

이익중생　시위제삼광대불사
利益衆生이 **是爲第三廣大佛事**니라

"이른바 몸의 업이 끝까지 청정하며, 말의 업은 항상 지혜를 따라 행하고, 뜻으로 하는 업은 깊고 깊어 걸림이 없으니 이런 방편으로 중생을 이익하게 하나니, 이것이 셋째 광대한 불사이니라."

부처님은 왕궁에 탄생하여 비록 궁전 내에 있음을 여러 사람이 다 보지만 일체 모든 세계에서 불사를 지으며, 큰 지혜와 큰 정진으로 모든 부처님의 갖가지 신통을 나타내 보

이기를 걸림 없고 그지없이 한다. 부처님은 몸의 업이 끝까지 청정하며, 말의 업은 항상 지혜를 따라 행하고, 뜻으로 하는 업은 깊고 깊어 걸림이 없기 때문이다. 이것이 부처님의 불가사의한 법으로 짓는 광대한 불사이다.

4〉 세속을 버리고 출가하다

佛子야 一切諸佛이 示處種種莊嚴宮殿하사 觀
察厭離하야 捨而出家하사 欲使衆生으로 了知世法이
皆是妄想이라 無常敗壞하야 深起厭離하야 不生染
着하야 永斷世間貪愛煩惱하고 修淸淨行하야 利益
衆生하나니라

"불자여, 일체 모든 부처님이 갖가지로 장엄한 궁전에 있으면서 살펴보고는 싫어서 떠나려는 생각을 내어서 버리고 출가함을 보이나니, 중생들로 하여금 세상법이 모두 허망한 것이어서 무상하게 무너지는 것임을 알고 싫어서 떠나는 마음을 깊이 내어 물들지 않게 하며, 세간의 탐욕과 애착과 번뇌를 영원히 끊어 버리고 청정한 행을 닦아 중생을 이익하게 하고자 함이니라."

부처님의 출가는 곧 중생들에게 세상사가 모두 무상하다는 것을 보이려는 본보기였다. 부처님이 그랬듯이 일체 중생들로 하여금 인생사와 세상사가 모두 허망하고 무상하다는 사실을 깨닫게 하려는 것이다.

해인사에서 강원에 입방入榜하려면 산감이라는 소임을 한 철 이상 보아야 했다. 1961년경 산감을 보느라고 삼선암을 지나다가 초등학교에 다니는 어린 사미니가 고무줄놀이 하는 것을 보았다. 관광객이 물었다. "어찌하여 출가를 하였소?" "인생이 무상해서요." 묻는 사람을 쳐다보지도 않고 서슴없이 나오는 대답이었다. 수십 년이 지난 지금까지도 인구에 회자되는 이야기이다. 그 스님은 지금도 문수경전연구회에 화엄경 공부하러 다니고 있다. 그렇다. 인생무상이 무엇인지 알든 모르든 무조건 출가는 인생이 무상해서 한 것으로 되어 있다.

당 출 가 시 　　사 속 위 의 　　주 무 쟁 법 　　만 족
當出家時하야 **捨俗威儀**하고 **住無諍法**하야 **滿足**

본 원 무 량 공 덕
本願無量功德하며

"출가할 적에는 세속의 위의威儀를 버리고 다툼이 없
는 법에 머물러 본래의 서원과 한량없는 공덕에 만족하
느니라."

입산출가를 하면 승려로서의 위의를 갖추고 살아야 한
다. 그리고 다섯 가지 감관기관에서 하고자 하는 욕락欲樂
과 재물과 이성과 음식과 명예와 수면에 대한 욕망까지도 버
리고 어떤 일에도 다투거나 갈등을 하지 않아야 한다. 출가
본래의 서원은 일체 중생의 고통을 없애 주려는 대자대비의
마음을 실천하는 것이다. 그와 같은 서원으로 한량없는 공
덕을 지어 무한히 베푸는 것이다.

이 대 지 광　　멸 세 치 암　　위 제 세 간 무 상 복
以大智光으로 **滅世癡闇**하야 **爲諸世間無上福**
전
田하며

"큰 지혜의 빛으로 세간의 어리석음의 어둠을 소멸
하고 모든 세상의 가장 높은 복전이 되느니라."

출가의 목적은 큰 지혜의 광명을 얻어 세속적 어리석음의
어둠을 다 소멸하고 세상의 사표가 되는 것이다. 진정한 세
상의 사표가 되면 더없는 복전이 된다. '출가한 스님'이라는
승僧 자는 '앞선 사람'이라는 뜻이다. 앞선 사람이란 세상의
스승이며 사표가 된다는 뜻이다.

상 위 중 생　　찬 불 공 덕　　영 어 불 소　　식 제
常爲衆生하야 **讚佛功德**하야 **令於佛所**에 **植諸**
선 본　　이 지 혜 안　　견 진 실 의
善本하며 **以智慧眼**으로 **見眞實義**하고

"항상 중생들을 위하여 부처님의 공덕을 찬탄하여

부처님 계신 데서 모든 착한 뿌리를 심게 하여 지혜의
눈으로 진실한 이치를 보게 하느니라."

　불교를 믿는 사람들은 먼저 부처님의 출가하신 공덕에
대해 잘 알아서 그 공덕의 위대함을 본받고 찬탄하여야 한
다. 그리고 부처님과 그 외의 보살과 선지식과 조사님과 훌
륭한 스승들에 대한 공덕을 아는 대로 찬탄하여 많은 사람
들에게 널리 알려서 신심을 일으켜야 한다. 그것은 곧 착한
근본을 심게 하는 일이다. 또 지혜의 눈으로 진실한 뜻을 보
게 하는 일이다.

　　　부 위 중 생　　　찬 설 출 가　　청 정 무 과　　　영 득
　　復爲衆生하야 讚說出家가 淸淨無過하야 永得

　출 리　　　장 위 세 간 지 혜 고 당　　시 위 제 사 광 대 불
　出離하야 長爲世間智慧高幢이 是爲第四廣大佛
사
事니라

　"또 중생에게 출가하는 것이 청정하고 허물이 없음

을 찬탄하여 영원히 벗어남을 얻어서 세간의 우뚝한 지혜의 당기幢旗가 되게 하나니, 이것이 넷째 광대한 불사이니라."

출가는 흔히 번뇌에 얽매인 속세의 생활을 버리고 성스러운 단체에 들어가는 것을 의미한다. 심출가心出家니 신출가身出家니 하여 출가를 구분하지만 어디에 있든 스스로 속된 번뇌로부터 멀리 떠난 삶을 사는 사람을 진정으로 출가한 사람이라고 할 수 있다. 수많은 불사 중에 진정한 출가야말로 광대한 불사이다. 그리고 부처님의 불가사의한 법이다.

5〉 정각正覺을 이루다

불자 일체제불 구일체지 어무량법
佛子야 一切諸佛이 具一切智하사 於無量法에

실이지견 보리수하 성최정각 항복중
悉已知見하사대 菩提樹下에 成最正覺하사 降伏衆

마 위덕특존
魔에 威德特尊하며

"불자여, 일체 모든 부처님이 일체 지혜를 갖추어서 한량없는 법을 이미 알고 보았으며, 보리수 아래에서 가장 바른 깨달음을 이루어 온갖 마군을 항복받고 위엄과 공덕이 특별하니라."

불교는 세존께서 정각을 이룸으로부터 시작하였다. 세존의 탄생과 출가를 위대한 불사라고 높이 찬탄하는 것도 정각이 있었기 때문이다. 그러므로 불교의 여러 기념일 중에 정각을 이루신 성도成道하신 날을 가장 중요한 기념일로 삼아야 하고, 가장 성대하게 행사를 치러야 하고, 가장 널리 알려야 한다. 정각이란 모든 부처님이 일체 지혜를 갖춰서 한량없는 법을 낱낱이 다 깨달아 아는 일이다.

기신　　충만일체세계　　신력소작　　무변무
其身이 充滿一切世界하야 神力所作이 無邊無
진
盡하며

"그 몸은 일체 세계에 가득하고 신통한 힘으로 하시

는 일이 그지없고 다함이 없느니라."

세존이 정각을 이룸으로부터 그 몸은 법의 몸[法身]이 되고 일체 세계에 충만하여 신통한 힘으로 하시는 일이 그지없고 다함이 없다.

어 일 체 지 소 행 지 의　　개 득 자 재　　수 제 공 덕
於一切智所行之義에 **皆得自在**하사 **修諸功德**

실 이 원 만
하야 **悉已圓滿**하며

"일체 지혜로 행하는 뜻이 모두 자재하며, 모든 공덕을 닦아 다 이미 원만하니라."

또 세존이 정각을 이룸으로부터 일체 지혜로 행하는 뜻이 모두 자재하며, 모든 공덕을 닦아 다 이미 원만하다.

기 보 리 좌　　구 족 장 엄　　주 변 시 방 일 체 세 계
其菩提座가 **具足莊嚴**하야 **周徧十方一切世界**

　　　　　불 처 기 상　　　전 묘 법 륜　　　설 제 보 살　소 유
어든 佛處其上하사 轉妙法輪하야 說諸菩薩의 所有

행 원
行願하며

"그 보리좌菩提座는 장엄을 갖추어 시방의 일체 세계
에 가득하였는데, 부처님이 그 위에 앉아서 미묘한 법륜
을 굴리면서 모든 보살들의 행行과 원願을 설하느니라."

부처님이 6년 고행을 끝내고 마지막 바른 선정에 들었던
자리를 금강좌 또는 보리좌라고 한다. 사자좌라고도 한
다. 그 보리좌의 장엄을 화엄경 서두에 이렇게 묘사하였다.

"어느 날 부처님께서 마갈제국 아란야 법法 보리도량에
계실 때 비로소 정각正覺을 이루시니, 그 땅은 견고하여 다이
아몬드로 이루어져 있었습니다. (중략) 그 사자좌는 높고 넓
으며 매우 아름다워 마니보석으로 받침대가 되어 있고 연꽃
으로 그물이 되어 있으며, 청정하고 미묘한 보석으로 그 둘
레가 되어 있었습니다. 여러 가지 색깔로 된 갖가지 꽃들은
영락으로 되어 있고 당우와 정자와 누각과 섬돌과 문호와
온갖 물상들은 격식을 갖추어서 장엄하였습니다. 보석으로

된 나무들은 가지와 열매가 무성하여 두루두루 돌아가며 사이마다 펼쳐져 있었습니다."

부처님이 앉은 자리는 언제 어느 장소가 되었든 모두 보리좌이다. 그 보리좌에 앉아서 설하시는 법문은 모든 보살의 행과 원이다. 부처님이 정각을 이룬 불사를 간단히 요약하면 이와 같다.

개 시 무 량 제 불 경 계　　영 제 보 살　　개 득 오 입
開示無量諸佛境界하사 **令諸菩薩**로 **皆得悟入**

　 수 행 종 종 청 정 묘 행
하야 **修行種種淸淨妙行**하며

"한량없는 모든 부처님의 경계를 열어 보이며, 모든 보살들로 하여금 깨달음을 얻고 갖가지 청정하고 미묘한 행을 닦게 하느니라."

부처님이 정각을 이루시고 보리좌에 앉아서 미묘한 법륜을 굴리는데 보살의 행원과 모든 부처님의 경계를 열어 보이신다. 부처님의 경계를 열어 보여서 모든 보살들로 하여

금 깨달음을 얻어 가지가지 청정하고 미묘한 행을 수행하게
한다.

復能示導一切衆生_{하사} 令種善根_{하야} 生於如

來平等地中_{하며}

"또 일체 중생을 지도하여 착한 뿌리를 심고 여래의
평등한 땅에 나게 하느니라."

부처님은 정각을 인하여 일체 중생을 지도하여 선근을 심
고 여래의 평등한 땅에 나게 한다. 사람들은 자신이 알고 느
끼고 깨달은 것만큼만 다른 사람을 지도한다. 그러므로 성
인들의 훌륭한 가르침을 부단히 공부하여 스스로의 인품을
향상시키고 인연 닿는 모든 사람들을 지도하여 세상을 청정
국토와 극락정토와 화장장엄세계로 이루어 나가야 한다.

주제보살무변묘행　성취일체공덕승법
住諸菩薩無邊妙行하사 **成就一切功德勝法**하며

"모든 보살의 그지없이 묘한 행에 머물러 일체 공덕
의 훌륭한 법을 성취하게 하느니라."

부처님이 정각을 이루고 그 법으로 시방세계와 과거 현재
미래에서 하시는 일은 무한하다. 보살의 그지없이 묘한 행
에 머물러 일체 공덕의 훌륭한 법을 성취하게 한다.

일체세계　일체중생　일체불찰　일체제법
一切世界와 **一切衆生**과 **一切佛刹**과 **一切諸法**

일체보살　일체교화　일체삼세　일체조복
과 **一切菩薩**과 **一切敎化**와 **一切三世**와 **一切調伏**

일체신변　일체중생심지낙욕　실선요지
과 **一切神變**과 **一切衆生心之樂欲**을 **悉善了知**하야

이작불사　시위제오광대불사
而作佛事가 **是爲第五廣大佛事**니라

"일체 세계와 일체 중생과 일체 부처님 세계와 일체
모든 법과 일체 보살과 일체 교화와 일체 삼세와 일체

조복과 일체 신통변화와 일체 중생의 마음으로 좋아하는 것을 모두 잘 알아서 불사를 짓나니, 이것이 다섯째 광대한 불사이니라."

보살의 그지없이 묘한 행에 머물러 일체 공덕의 훌륭한 법을 성취하게 하는 것을 밝혔다. 이러한 일들이 모두 정각의 광대한 불사이며 부처님의 불가사의한 법이다.

6〉 법륜法輪을 굴리다

불자 　일체제불 　전불퇴법륜 　영제보살
佛子야 **一切諸佛**이 **轉不退法輪**은 **令諸菩薩**로

불퇴전고 　전무량법륜 　영일체세간 　함 요
不退轉故며 **轉無量法輪**은 **令一切世間**으로 **咸了**

지고 　전개오일체법륜 　능대무외사자후고
知故며 **轉開悟一切法輪**은 **能大無畏獅子吼故**며

"불자여, 일체 모든 부처님이 물러나지 않는 법륜을 굴리나니, 모든 보살들을 퇴전치 않게 하는 연고며, 한량없는 법륜을 굴리나니 일체 세간이 다 알게 하는 연

고며, 일체를 깨닫게 하는 법륜을 굴리나니 두려움 없이 크게 사자후獅子吼하는 연고이니라."

법륜을 굴리는 일이야말로 모든 불사 중에 가장 큰 불사이며 일체 불법의 꽃이며 열매이다. 여기에 아홉 가지 법륜을 열거하였다. 물러나지 않는 법륜과 한량없는 법륜과 일체를 깨닫게 하는 법륜을 굴린다.

전일체법지장법륜　개법장문　제암장고
轉一切法智藏法輪은 **開法藏門**하야 **除闇障故**며

전무애법륜　등허공고　전무착법륜　관일체
轉無礙法輪은 **等虛空故**며 **轉無着法輪**은 **觀一切**

법　비유무고　전조세법륜　영일체중생
法이 **非有無故**며 **轉照世法輪**은 **令一切衆生**으로

정법안고
淨法眼故며

"일체 법의 지혜 창고[一切法智藏] 법륜을 굴리나니 법장法藏의 문을 열어 어둡고 막힌 것을 없애는 연고며, 걸

림이 없는 법륜을 굴리나니 허공과 같은 연고며, 집착이 없는 법륜을 굴리나니 일체 법이 있는 것도 아니고 없는 것도 아님을 관觀하는 연고며, 세상을 비추는 법륜을 굴리나니 일체 중생들로 하여금 법의 눈을 깨끗하게 하는 연고이니라.”

또 일체 법의 지혜 창고 법륜과 걸림이 없는 법륜과 집착이 없는 법륜과 세상을 비추는 법륜을 굴리는 것이다.

전 개 시 일 체 지 법 륜   실 변 일 체 삼 세 법 고
轉開示一切智法輪은 悉徧一切三世法故며

전 일 체 불 동 일 법 륜   일 체 불 법   불 상 위 고   일
轉一切佛同一法輪은 一切佛法이 不相違故니 一

체 제 불   이 여 시 등 무 량 무 수 백 천 억 나 유 타 법
切諸佛이 以如是等無量無數百千億那由他法

륜   수 제 중 생   심 행 차 별   이 작 불 사   불
輪으로 隨諸衆生의 心行差別하사 而作佛事하야 不

가 사 의   시 위 제 육 광 대 불 사
可思議가 是爲第六廣大佛事니라

"일체 지혜를 열어 보이는 법륜을 굴리나니 일체 세세상 법에 두루 하는 연고며, 일체 부처님과 꼭 같은 법륜을 굴리나니 일체 부처님의 법이 서로 어기지 않는 연고이니라. 일체 모든 부처님이 이와 같이 한량없고 수없는 백천억 나유타 법륜으로 모든 중생들의 마음과 行이 차별함을 따라서 불사 지음을 헤아릴 수 없나니, 이것이 여섯째 광대한 불사이니라."

또 일체 지혜를 열어 보이는 법륜과 일체 부처님과 꼭 같은 법륜을 굴리는 것이다. 일체 모든 부처님이 이와 같이 한량없고 수없는 백천억 나유타 법륜으로 모든 중생들의 마음과 행이 차별함을 따라서 불사를 짓는 것이 헤아릴 수 없다. 이 법륜을 모든 시간과 모든 장소에서 상설 변설로 굴리는 것이다.

7〉 온갖 위의威儀를 나타내다

불자　일체제불　입어일체왕도성읍　　위
佛子야 一切諸佛이 入於一切王都城邑하사 爲

제 중 생   이 작 불 사   소 위 인 왕 도 읍   천 왕
諸衆生하야 而作佛事하나니 所謂人王都邑과 天王

도 읍   용 왕   야 차 왕   건 달 바 왕   아 수 라 왕
都邑과 龍王과 夜叉王과 乾闥婆王과 阿修羅王과

가 루 라 왕   긴 나 라 왕   마 후 라 가 왕   나 찰 왕
迦樓羅王과 緊那羅王과 摩睺羅伽王과 羅刹王과

비 사 사 왕   여 시 등 왕   일 체 도 읍
毘舍闍王인 如是等王의 一切都邑이라

"불자여, 일체 모든 부처님이 일체 왕의 도성에 들어
가서 모든 중생들을 위하여 불사를 짓나니, 이른바 인간
왕의 도성과 천왕의 도성과 용왕과 야차왕과 건달바왕
과 아수라왕과 가루라왕과 긴나라왕과 마후라가왕과 나
찰왕과 비사사왕인 이와 같은 왕들의 모든 도성이니라."

일체 모든 부처님은 온갖 곳에 들어가서 온갖 위의를 나
타내어 불사를 짓는다. 중생을 제도하기 위한 부처님의 보
살행이 가리는 곳이 어디 있으며 짓지 못할 행위가 무엇이 있
겠는가. 그래서 인간왕의 도성과 천왕의 도성과 용왕의 도
성 등 들어가지 않는 곳이 없다.

입성문시　　대지진동　　　광명보조　　맹자
入城門時에 **大地震動**하고 **光明普照**하야 **盲者**

득안　　농자득이　　광자득심　　나자득의
得眼하고 **聾者得耳**하고 **狂者得心**하고 **裸者得衣**하고

제우고자　　실득안락　　일체악기　　불고자명
諸憂苦者가 **悉得安樂**하며 **一切樂器**가 **不鼓自鳴**

　　제장엄구　　약착불착　　함출묘음　　중생문
하고 **諸莊嚴具**가 **若着不着**에 **咸出妙音**하야 **衆生聞**

자　　무불흔락
者가 **無不欣樂**하며

"도성의 문에 들어갈 때에 땅이 진동하고 광명이 두루 비치어 맹인이 보게 되고, 귀머거리가 듣게 되고, 미친 사람이 정신을 차리고, 헐벗은 이가 옷을 얻으며, 모든 근심하던 이들이 안락을 얻게 되고, 일체 악기가 연주하지 않아도 저절로 울리며, 모든 장엄거리가 쓰거나 안 쓰거나 모두 아름다운 소리를 내어 온갖 생명들이 듣고는 기뻐하지 않는 이가 없느니라."

모든 부처님이 인간과 천룡팔부의 도성에 들어갈 때에 땅이 진동하고, 광명이 두루 비치어 맹인이 보게 되고, 귀머

거리가 듣게 되고, 미친 사람이 정신을 차리고, 헐벗은 이가 옷을 얻으며, 모든 근심하던 이들이 안락을 얻게 된다. 이와 같이 불사를 짓는다.

　　　　일체제불　　색신청정　　　상호구족　　　견자
　　　一切諸佛이 色身淸淨하고 相好具足하사 見者

　무염　　능위중생　　작어불사
　無厭하야 能爲衆生하야 作於佛事하나니

　　"일체 모든 부처님의 육신이 청정하고 상호가 구족하여 보는 이가 싫어할 줄 모르며 능히 중생들을 위하여 불사를 짓느니라."

　　또 모든 부처님은 육신이 청정하고 상호가 구족하여 보는 이가 싫어할 줄 모르며 능히 중생들을 위하여 불사를 짓는다. 설사 불상을 만들더라도 가장 아름답고 복된 상호를 그리고 조성하여 사람들로 하여금 환희심 나게 하는 것이 모두 불사를 짓기 위함이다.

소위약고시   약관찰   약동전   약굴신   약
所謂若顧視와 **若觀察**과 **若動轉**과 **若屈伸**과 **若**

행약주   약좌약와   약묵약어   약현신통   약
行若住와 **若坐若臥**와 **若默若語**와 **若現神通**과 **若**

위설법   약유교칙   여시일체   개위 중생
爲說法과 **若有敎勅**한 **如是一切**로 **皆爲衆生**하사

이 작 불 사
而作佛事하며

"이른바 돌아보거나 관찰하거나 움직이거나 굽히고
펴거나 가거나 서거나 앉거나 눕거나 잠잠하거나 말하
거나 신통을 나타내거나 법을 말하거나 가르쳐서 타이
르거나 하는 이와 같은 모든 것들로 모두 중생을 위하
여 불사를 짓느니라."

부처님은 일거수일투족이 중생들을 교화하기 위한 불사
를 짓는 일이다. 예컨대 돌아보거나 관찰하거나 움직이거나
굽히고 펴거나 가거나 서거나 앉거나 눕거나 잠잠하거나 말
하거나 신통을 나타내거나 법을 말하거나 가르쳐서 타이르
거나 하는 이와 같은 모든 것들이 모두 중생을 위하여 불사

를 짓는 일이다.

일체제불   보어일체무수세계종종중생심
一切諸佛이 普於一切無數世界種種衆生心

락해중   권령염불   상근관찰   종제선근
樂海中에 勸令念佛하야 常勤觀察하야 種諸善根하야

수보살행
修菩薩行하며

"일체 모든 부처님이 널리 일체 수없는 세계에 있는 갖가지 중생들이 좋아하는 마음 바다에서 그들에게 권하여 부처님을 생각하게 하고 부지런히 관찰하며 여러 가지 착한 뿌리를 심어 보살의 행을 닦게 하느니라."

또 부처님은 무수한 세계에 있는 갖가지 중생들이 좋아하는 마음 바다에서 그들에게 권하여 부처님을 생각하게 하고 부지런히 관찰하며 여러 가지 착한 뿌리를 심어 보살의 행을 닦게 하여 불사를 짓는다.

탄불색상　미묘제일　　일체중생　난가치
歎佛色相이 **微妙第一**호대 **一切衆生**이 **難可值**

우　약유득견　　이흥신심　　즉생일체무량선
遇니 **若有得見**하야 **而興信心**이면 **則生一切無量善**

법　　집불공덕　　보개청정
法하야 **集佛功德**하야 **普皆淸淨**이라하니라

"부처님의 몸은 미묘하고 제일이어서 일체 중생이
만나기 어렵거니와 만일 보기만 하면 신심을 일으키고
일체 한량없이 착한 법을 내어 부처님의 공덕을 모아
두루 청정하여진다고 찬탄하느니라."

부처님의 몸은 미묘하고 제일이어서 만나기 어려움을 찬
탄한다. 만약 만나기 어려운 부처님의 몸을 친견하게 되면
신심을 일으키고 한량없는 선한 법을 내게 된다. 이와 같이
부처님의 몸은 그대로가 불사를 짓는 일이다.

여시칭찬불공덕이　　분신보왕시방세계
如是稱讚佛功德已에 **分身普往十方世界**하사

영제중생　　실득첨봉　　사유관찰　　승사공
令諸衆生으로 **悉得瞻奉**하야 **思惟觀察**하며 **承事供**

양　　　종제선근　　　득불환희　　　증장불종
養하야 **種諸善根**하야 **得佛歡喜**하고 **增長佛種**하야

실당성불　　　이여시행　　　이작불사
悉當成佛이니 **以如是行**으로 **而作佛事**하며

　"이와 같이 부처님의 공덕을 찬탄하고는 몸을 나누
어서 널리 시방세계로 가서 모든 중생들로 하여금 우러
르고 받들며 생각하고 관찰하며, 받들어 섬기고 공양하
며, 모든 착한 뿌리를 심어 부처님을 환희케 하고 부처
님의 종자를 증장하여 모두 부처를 이루게 하나니, 이
와 같은 행으로써 불사를 짓느니라."

　부처님의 공덕을 찬탄하는 일이 곧 불사를 짓는 일이며,
몸을 나누어 시방세계에 두루 가서 모든 중생들로 하여금
우러르고 받들며 생각하고 관찰하며, 받들어 섬기고 공양하
며, 모든 착한 뿌리를 심는 인연을 심어 주는 일들이 훌륭한
불사를 짓는 일이다.

혹 위 중 생　　시 현 색 신　　혹 출 묘 음　　혹 단
或爲衆生하야 **示現色身**하며 **或出妙音**하며 **或但**

미 소　　영 기 신 락　　두 정 예 경　　곡 궁 합 장
微笑하사 **令其信樂**하야 **頭頂禮敬**하며 **曲躬合掌**하며

칭 양 찬 탄　　문 신 기 거　　이 작 불 사
稱揚讚歎하며 **問訊起居**하야 **而作佛事**하나니

"혹은 중생을 위하여 육신을 나타내기도 하고 묘한
음성을 내기도 하며, 혹은 다만 미소만 짓기도 하며, 그
들로 하여금 믿고 좋아하고 머리를 조아려 예경하고 허
리를 굽혀 합장하며, 드날리고 찬탄하고 일상[起居]을 문
안하게 하여 불사를 짓느니라."

부처님과 같은 훌륭한 성인은 그 육신을 나타내기도 하
고 묘한 음성을 내기도 하며, 혹은 다만 미소만 지어도 훌륭
한 불사를 짓는 것이 된다. 또 중생들에게 믿고 좋아하게 하
고, 머리를 조아려 예경하고, 허리를 굽혀 합장하게만 하여
도 큰 불사를 짓는 일이 된다.

일체제불　　이여시등무량무수불가언설불
一切諸佛이 以如是等無量無數不可言說不

가사의종종불사　　어일체세계중　　수제중생
可思議種種佛事로 於一切世界中에 隨諸衆生

심지소락　　이본원력　　대자비력　　일체지력
心之所樂하사 以本願力과 大慈悲力과 一切智力

　방편교화　　실령조복　　시위제칠광대불
으로 方便敎化하사 悉令調伏이 是爲第七廣大佛

사
事니라

"일체 모든 부처님이 이와 같이 한량없고 수없고 말할 수 없고 헤아릴 수 없는 가지가지 불사로서 일체 세계에서 모든 중생들의 좋아함을 따르며, 본래의 원력과 크게 자비한 힘과 일체 지혜의 힘으로 방편으로써 교화하여 다 조복케 하나니, 이것이 일곱째 광대한 불사이니라."

부처님의 일거수일투족은 모두 불사를 짓는 일이다. 부처님과 같이 일체 중생 부처님의 일거수일투족도 모두 불사를 짓는 일이다. 중생 부처님도 진여불성으로 일거수일투족을 하므로 일체가 불사를 짓는 일이다. 또한 중생의 참마음 참사람이 온갖 위의를 나타내어 삶을 영위하므로 그 모두가 불사를 짓는 일이다. 하물며 모든 부처님이 본래의 원력과 크게 자비한 힘과 일체 지혜의 힘으로 방편으로써 중생들을 교화하여 조복하는 일이야 말해 무엇하겠는가. 처처處處가 불상佛像이며, 사사事事가 불공佛供이며, 일체 행위가 불사佛事 아닌 것이 없다.

8〉 장소와 모습과 시간에 따라 불사를 짓다

불자 일체제불 혹주아란야처 이작불
佛子야 **一切諸佛**이 **或住阿蘭若處**하야 **而作佛**

사 혹주적정처 이작불사 혹주공한처
事하며 **或住寂靜處**하야 **而作佛事**하며 **或住空閑處**

이작불사
하야 **而作佛事**하며

"불자여, 일체 모든 부처님이 혹은 아란야에 있으면서 불사를 짓고, 혹은 고요한 곳에 머물면서 불사를 짓고, 혹은 텅 비고 한가한 곳에 있으면서 불사를 짓느니라."

아란야나 고요한 곳[寂靜處]이나 텅 비고 한가한 곳[空閑處]이나 모두 같은 의미이다. 수행자가 처음에는 이와 같이 고요한 곳에서 혼자 있으면서 공부를 하고자 한다. 부처님도 출가하여 처음 수행하실 때는 이러한 곳에서 살았다. 어느 곳이든 모두가 불사를 짓는 일이다.

혹 주 불 주 처　　이 작 불 사　　혹 주 삼 매　　이
或住佛住處하야 **而作佛事**하며 **或住三昧**하야 **而**

작 불 사　　혹 독 처 원 림　　이 작 불 사　　혹 은 신
作佛事하며 **或獨處園林**하야 **而作佛事**하며 **或隱身**

불 현　　이 작 불 사
不現하야 **而作佛事**하며

"혹은 부처님이 머무는 곳에 있으면서 불사를 짓고, 혹은 삼매에 머물러서 불사를 짓고, 혹은 동산의 숲에 혼자 머물면서 불사를 짓고, 혹은 몸을 감추고 나타나지 않으면서 불사를 짓느니라."

혹은 부처님이 머무는 곳에서나 삼매에서나 숲 속에서나

혹은 아예 몸을 숨기거나 일체 행위가 모두 불사를 짓는 일이다. 예컨대 금으로 비녀와 반지를 만들어도 그것은 금이고, 불상을 만들거나 코끼리와 같은 동물의 형상을 만들어도 그것은 모두 금인 것과 같은 이치이다. 부처님이 하시는 일에 무엇인들 불사가 아니겠는가.

혹 주 심 심 지   이 작 불 사   혹 주 제 불 무 비
或住甚深智하야 而作佛事하며 或住諸佛無比

경 계   이 작 불 사   혹 주 불 가 견 종 종 신 행
境界하야 而作佛事하며 或住不可見種種身行하야

수 제 중 생   심 락 욕 해   방 편 교 화   무 유 휴 식
隨諸衆生의 心樂欲解하사 方便敎化호대 無有休息

이 작 불 사
하야 而作佛事하며

"혹은 깊은 지혜에 머물러서 불사를 짓고, 혹은 모든 부처님의 견줄 데 없는 경계에 머물면서 불사를 짓고, 혹은 다 볼 수 없는 여러 가지 몸과 행에 머물러서 모든 중생들의 마음과 좋아함과 지혜를 따라서 방편으로 교화하기를 쉬지 아니하면서 불사를 짓느니라."

깊고 깊은 지혜에 머물기도 하고, 모든 부처님의 비교할 수 없는 경계에 머물기도 하고, 다 볼 수 없는 가지가지 몸에 머물러 모든 중생들의 마음에 좋아하는 바를 따라서 쉬지 않고 방편으로 교화하는 일들이 모두 불사를 짓는 일이다. 불사가 어디 한 가지뿐이겠는가. 그러므로 자신이 하고 있는 일만 반드시 훌륭한 불사라고 집착할 일이 아니다.

혹 이 천 신   구 일 체 지   이 작 불 사   혹 이
或以天身으로 **求一切智**하야 **而作佛事**하며 **或以**

용 신   야 차 신   건 달 바 신   아 수 라 신   가 루 라
龍身과 **夜叉身**과 **乾闥婆身**과 **阿修羅身**과 **迦樓羅**

신   긴 나 라 신   마 후 라 가   인 비 인 등 신   구
身과 **緊那羅身**과 **摩睺羅伽**와 **人非人等身**으로 **求**

일 체 지   이 작 불 사   혹 이 성 문 신   독 각 신
一切智하야 **而作佛事**하며 **或以聲聞身**과 **獨覺身**과

보 살 신   구 일 체 지   이 작 불 사
菩薩身으로 **求一切智**하야 **而作佛事**하며

"혹은 천신의 몸으로 일체 지혜를 구하면서 불사를 짓고, 혹은 용의 몸과 야차의 몸과 건달바의 몸과 아수

라의 몸과 가루라의 몸과 긴나라의 몸과 마후라가의 몸
과 사람인 듯 아닌 듯한 이들의 몸으로 일체 지혜를 구
하면서 불사를 짓느니라. 혹은 성문의 몸과 독각의 몸과
보살의 몸으로 일체 지혜를 구하면서 불사를 짓느니라."

또 어떤 몸과 어떤 상황에 처했더라도 일체 존재의 평등
한 본질과 차별한 현상을 다 꿰뚫어 아는 일체 지혜를 구하
는 일이라면 그것은 곧 불사를 짓는 일이다. 용의 몸이나 야
차의 몸이나 건달바의 몸이나 아수라의 몸이나 가루라 긴나
라 마후라가나 성문이나 독각이나 보살이나 그 어떤 몸이
라도 차별하거나 분별하지 않는다. 어찌 남녀노소와 승속
을 가리랴.

혹시설법　　혹시적묵　　이작불사　　혹설
或時說法하고 **或時寂默**하야 **而作佛事**하며 **或說**

일불　　혹설다불　　이작불사
一佛하고 **或說多佛**하야 **而作佛事**하며

"어떤 때는 법을 말하고 어떤 때는 고요히 하여 불

사를 짓고, 혹은 한 부처님을 말하고 혹은 여러 부처님을 말하여 불사를 짓느니라."

법을 설하는 것으로 불사를 짓고 묵묵히 있는 것으로도 불사를 짓는다. 혹은 한 부처님만을 이야기하고 혹은 수많은 부처님을 이야기하여 불사를 짓는다.

혹 설 제 보 살　　일 체 행 일 체 원　　위 일 행 원
或說諸菩薩의 **一切行一切願**이 **爲一行願**하야

이 작 불 사　　혹 설 제 보 살　　일 행 일 원　　위 무 량
而作佛事하며 **或說諸菩薩**의 **一行一願**이 **爲無量**

행 원　　이 작 불 사
行願하야 **而作佛事**하며

"혹은 여러 보살의 일체 행과 일체 원으로 한 행과 한 원을 삼는다 말하여 불사를 짓고, 혹은 모든 보살의 한 행과 한 원으로 한량없는 행과 원을 삼는다 말하여 불사를 짓느니라."

보살의 행원에 있어서도 한 행원에 일체 행원을 설하고 일체 행원에서 한 행원을 설하여 불사를 짓는다.

혹설불경계　즉세간경계　　이작불사
或說佛境界가 **卽世間境界**하야 **而作佛事**하며

혹설세간경계　즉불경계　　이작불사　　혹
或說世間境界가 **卽佛境界**하야 **而作佛事**하며 **或**

설불경계　즉비경계　　이작불사
說佛境界가 **卽非境界**하야 **而作佛事**하며

"혹은 부처님의 경계가 곧 세간의 경계라 말하여 불사를 짓고, 혹은 세간의 경계가 곧 부처님의 경계라 말하여 불사를 짓고, 혹은 부처님의 경계가 곧 경계가 아니라 말하여 불사를 짓느니라."

혹은 부처님의 경계가 곧 세간의 경계이며 세간의 경계가 곧 부처님의 경계임을 설하여 불사를 짓는다. 혹은 부처님의 경계가 곧 경계가 아님을 설하여 불사를 짓기도 한다.

혹주일일　　혹주일야　　혹주반월　　혹주
或住一日하고 **或住一夜**하고 **或住半月**하고 **或住**

일월　　혹주일년　　내지주불가설겁　　위제
一月하고 **或住一年**하며 **乃至住不可說劫**하사 **爲諸**

중생　　이작불사　　　　시위제팔광대불사
衆生하야 **而作佛事**하나니 **是爲第八廣大佛事**니라

"혹 하루를 머물고, 혹 하룻밤을 머물고, 혹 반 달을 머물고, 혹 한 달을 머물고, 혹 일 년을 머물고, 내지 말할 수 없는 겁을 머물면서 모든 중생을 위하여 불사를 짓나니, 이것이 여덟째 광대한 불사이니라."

불사를 짓는 시간에 대해서도 하룻낮 동안 짓기도 하고 하룻밤 동안 짓기도 하고 반 달, 한 달, 일 년, 불가설 겁 동안 등 일정하지 않게 불사를 짓는다. 이러한 등의 광대한 불사를 짓는 일이 곧 부처님의 불가사의한 법이다.

9〉 갖가지 모습을 나타내어 불사를 짓다

佛子야 一切諸佛이 是生淸淨善根之藏이라 令

諸衆生으로 於佛法中에 生淨信解하며 諸根調伏하야

永離世間하며

"불자여, 일체 모든 부처님은 청정한 선근을 내는 창고[藏]이니라. 모든 중생들로 하여금 부처님 법에 대하여 깨끗한 믿음과 지혜를 내게 하고 모든 감관을 조복하여 영원히 세간을 여의게 하느니라."

모든 부처님은 훌륭한 선근을 내는 창고이다. 부처님과 부처님의 가르침으로부터 삶이 복되고 세상이 평화롭게 되기 때문이다. 그래서 모든 중생들로 하여금 불법 가운데서 청정한 믿음을 내게 하고 여러 감각기관을 조복받아 길이 속된 일을 떠나게 한다.

令諸菩薩로 於菩提道에 具智慧明하야 不由他
영제보살 어보리도 구지혜명 불유타

悟하며 或現涅槃하야 而作佛事하며
오 혹현열반 이작불사

"모든 보살들로 하여금 보리菩提의 도道에 밝은 지혜를 갖추게 하되 다른 사람을 인하지 않고 깨달아 혹 열반을 나타내어 불사를 짓느니라."

보살이 보리의 도에서 밝은 지혜를 갖추어 스스로 깨닫게 되어 일체 번뇌가 사라진 열반을 나타내어 불사를 짓는다.

或現世間이 皆悉無常하야 而作佛事하며
혹현세간 개실무상 이작불사

"혹 세상이 모두 무상함을 나타내어 불사를 짓느니라."

或說佛身하야 而作佛事하며
혹설불신 이작불사

"혹 부처님의 몸을 말하여 불사를 짓느니라."

부처님의 몸에 대한 설명은 매우 여러 가지다. 불신佛身 즉 부처님의 몸은 불교 최상의 이상理想을 실현한 부처님 몸을 말한다. 무상정각無上正覺을 얻고 보리 · 열반을 증득한 부처님의 과체果體를 논하는 것이 불신론佛身論이다. 무상정각, 곧 보리 · 열반이 어떤 것인가에 대하여는 대승 · 소승 · 학파學派 · 종파宗派에 따라 견해를 달리하므로 그의 실현인 불신에 대해서도 여러 가지로 말이 다르다. 부처님은 입멸한 뒤에 존재하는가, 존재하지 아니하는가? 존재한다면 그것은 인격적 존재인가, 이치로서의 존재인가, 덕으로서의 존재인가? 만일 영겁永劫의 본체로서의 존재라 하면 역사상의 부처님은 화현인가? 실체의 부처님은 어떻게 해서 중생 제도가 가능한가? 이런 종류의 문제가 불신론의 근본 문제이다. 이를 설명하기 위하여 여러 가지 불신설이 생겼다. 부처님의 몸을 어떤 시각에서 설명하더라도 그것은 모두 불사를 짓는 일이다.

혹 설 소 작　　개 실 이 판　　　이 작 불 사
或說所作이 **皆悉已辦**하야 **而作佛事**하며

"혹 지을 일을 모두 마치었다 말하여 불사를 짓느니라."

혹 설 공 덕　　원 만 무 결　　　이 작 불 사
或說功德이 **圓滿無缺**하야 **而作佛事**하며

"혹 공덕이 원만하고 모자람이 없다고 말하여 불사를 짓느니라."

　　모든 사람은 본각本覺에서 보거나 본래로 완전무결한 진여본성에서 볼 때 이미 할 일을 다 하였다. 그리고 본래로 갖춘 공덕도 완전하여 조금도 결함이 없다. 이와 같은 본래 자리를 설명하여 불사를 짓는다. 사람의 실상을 이해하는 문제에 대해서 가장 중요한 점은 모든 사람이 본래부터 평등하게 완전무결한 존재임을 아는 것이다. 그러므로 이와 같은 이치를 드러내는 것이 불사 중에 큰 불사이다.

혹 설 영 단 제 유 근 본　　이 작 불 사
或說永斷諸有根本하야 **而作佛事**하며

"혹 모든 존재[有]의 근본을 아주 끊었다 말하여 불사를 짓느니라."

모든 존재의 근본은 텅 비어 공하다는 것을 깨달아 아는 것이 근본을 아주 끊어 버리는 것이다. 이 또한 큰 불사이다.

혹 령 중 생　　염 리 세 간　　수 순 불 심　　이 작
或令衆生으로 **厭離世間**하고 **隨順佛心**하야 **而作**
불 사
佛事하며

"혹 중생으로 하여금 세간을 싫어하고 부처님의 마음을 따르게 하여 불사를 짓느니라."

중생들에게 이와 같은 마음을 내게 하는 것은 곧 발심이다. 불심佛心을 내는 일이고 보리심을 내는 일이고 도심道心을 내는 일이다. 불사 중에서 가장 기본이 되는 불사이다.

혹 설 수 명　종 귀 어 진　이 작 불 사
或說壽命이 **終歸於盡**하야 **而作佛事**하며

"혹 목숨이 마침내 다한다 말하여 불사를 짓느니라."

사람의 목숨은 끝내 다하고 만다. 그래서 생자필멸生者必
滅이라 한다. 그러나 대개의 사람들은 목숨이 영원할 것으로
착각하고 산다. 그것은 목숨에 대한 애착 때문이다. 그 애
착 때문에 끝나지 않기를 바란다. 이와 같은 집착에서 시원
하게 벗어나도록 설명하여 준다면 그것은 큰 불사이다.

혹 설 세 간　무 일 가 락　이 작 불 사
或說世間이 **無一可樂**하야 **而作佛事**하며

"혹 세간 일은 하나도 즐거울 것이 없다 말하여 불
사를 짓느니라."

세상은 온통 불타는 집과 같고 고통의 바다라서 한 가지
도 즐거울 것이 없다는 사실을 이해시켜서 도에 대한 발심을
하게 한다면 이 또한 훌륭한 불사이리라.

혹 위 선 설 진 미 래 제　　공 양 제 불　　이 작 불
或爲宣說盡未來際토록 **供養諸佛**하야 **而作佛**
사
事하며

"혹 오는 세월이 끝나도록 모든 부처님께 공양하라
말하여 불사를 짓느니라."

부처님께 공양하고 보살에게 공양하고 일체 선지식에게
공양하고 나아가서 모든 사람 모든 생명을 다 같이 부처님
으로 받들어 공양하게 가르친다면 이는 얼마나 훌륭한 불
사이겠는가.

혹 설 제 불　　전 정 법 륜　　영 기 득 문　　　생 대
或說諸佛이 **轉淨法輪**하사 **令其得聞**하고 **生大**
환 희　　이 작 불 사
歡喜하야 **而作佛事**하며

"혹 모든 부처님이 청정한 법륜을 굴린다 말하여 그
들로 하여금 듣고 크게 환희하게 하여 불사를 짓느니라."

불교가 이와 같이 오래도록 전승되어 오는 것은 모든 부처님과 일체 선지식이 청정한 법륜을 굴려서 세상 사람들이 다 같이 그것을 듣고 깨달음을 얻어 환희심을 내었기 때문이다. 깨달음을 얻고 환희심을 낸 사람들이 다시 또 청정한 법륜을 굴려서 불법이 영원히 이어지게 하는 것은 참으로 값지고 중요한 불사이다.

或爲宣說諸佛境界하사 令其發心하야 而修諸
行하야 而作佛事하며

"혹 모든 부처님의 경계를 말하여 그들로 하여금 마음을 내고 수행하게 하여 불사를 짓느니라."

또 부처님의 깊고 깊은 경계를 설하여 그것을 듣는 사람들로 하여금 그 경계에 이르려고 마음을 내어 온갖 수행을 하게 하여 불사를 짓는다. 모든 불교도와 일체 수행자는 모두 이 길을 가고 있는 것이다.

혹 위 선 설 염 불 삼 매　　영 기 발 심　　상 락 견
或爲宣說念佛三昧하사 **令其發心**하야 **常樂見**

불　　이 작 불 사
佛하야 **而作佛事**하며

"혹 염불하는 삼매를 말하여 그들로 하여금 항상 즐겁
게 부처님 뵈려는 마음을 내게 하여 불사를 짓느니라."

불교 수행에는 보살행과 봉사와 염불과 주력과 참선과
간경 등등이 있다. 그 모든 수행을 널리 설하여 부처님을 항
상 즐겁게 친견하게 하여 불사를 짓는다.

혹 위 선 설 제 근 청 정　　근 구 불 도　　심 무 해
或爲宣說諸根淸淨하사 **勤求佛道**호대 **心無懈**

퇴　　이 작 불 사
退하야 **而作佛事**하며

"혹 모든 감관[根]이 청정함을 말하여 불도를 부지런
히 구하고 게을러 물러나는 마음이 없게 하여 불사를
짓느니라."

모든 감관[根]이 청정하다는 것은 이미 몸가짐을 철저히 하여 불도를 부지런히 구한다는 뜻이다. 그것은 곧 훌륭한 불사이다.

혹 예 일 체 제 불 국 토　　관 제 경 계 종 종 인 연
或詣一切諸佛國土하사 **觀諸境界種種因緣**

이 작 불 사
하야 **而作佛事**하며

"혹 일체 모든 부처님의 국토에 나아가서 모든 경계와 가지가지 인연을 보아 불사를 짓느니라."

보살은 모든 국토를 두루 돌아다니면서 온갖 경계와 가지가지 인연을 만나고 살펴서 그것에 알맞은 불사를 짓는다.

혹 섭 일 체 제 중 생 신　　개 위 불 신　　　영 제 해
或攝一切諸衆生身하야 **皆爲佛身**하사 **令諸懈**

태 방 일 중 생　　실 주 여 래 청 정 금 계　　이 작 불
忌放逸衆生으로 **悉住如來淸淨禁戒**하야 **而作佛**

사　　　　시 위 제 구 광 대 불 사
事하나니 **是爲第九廣大佛事**니라

"혹 일체 모든 중생의 몸을 포섭하여 모두 부처님의 몸을 삼아서 게으르고 방탕한 중생으로 하여금 여래의 청정한 계율에 머물게 하여 불사를 짓나니, 이것이 아홉째 광대한 불사이니라."

누구의 몸이든 그 몸을 모두 부처님의 몸으로 삼아야 한다. 만약 자신의 몸이 부처님의 몸이라는 사실을 분명히 알고 굳게 믿는다면 몸가짐을 어떻게 하겠는가. 결코 게으르지 않을 것이며 방탕하지 않을 것이다. 먹을거리도 함부로 먹지 않을 것이다. 그러므로 게으르고 방탕한 중생으로 하여금 여래의 청정한 계율에 머물게 하여 불사를 짓게 될 것이다.

10〉 열반을 보여서 불사를 짓다

불자　일체제불　입 열반 시　무량 중생　비
佛子야 一切諸佛이 入涅槃時에 無量衆生이 悲

호 체 읍　생 대 우 뇌　체 상 첨 고　이 작 시 언
號涕泣하야 生大憂惱하야 遞相瞻顧하고 而作是言

여 래 세 존　유 대 자 비　애 민 요 익 일 체 세
호대 如來世尊이 有大慈悲하사 哀愍饒益一切世

간　여 제 중 생　위 구 위 귀　여 래 출 현　난 가
間하야 與諸衆生으로 爲救爲歸니 如來出現이 難可

치 우　무 상 복 전　어 금 영 멸　　즉 이 어 시
値遇어늘 無上福田이 於今永滅이라하나니 卽以如是

영 제 중 생　비 호 연 모　이 작 불 사
令諸衆生으로 悲號戀慕하야 而作佛事하며

　　"불자여, 일체 모든 부처님이 열반에 드실 적에 한량
없는 중생이 슬피 울며 큰 근심을 내어 서로 쳐다보면
서 말하기를, '여래 세존께서 큰 자비로써 일체 세간을
가엾이 여기고 이익케 하여, 모든 중생의 구호할 이가
되고 의지가 되는지라, 여래의 출현하심을 만나기 어렵
거늘 더없는 복전이 이제 영원히 가시도다.'라고 하나
니, 곧 이와 같이 중생들로 하여금 슬피 울고 앙모仰慕하

게 하여 불사를 짓느니라."

세존이 이 세상에 출현하신 것은 출현하신 대로 큰 불사를 지은 것이요, 사방을 다니면서 늙고 병들고 죽는 모습을 살펴보신 것은 그대로가 훌륭한 불사를 지은 것이요, 부모와 처자식을 버리고 출가하여 6년간 수행하신 것은 그대로가 훌륭한 불사를 지은 것이요, 마군을 항복받고 정각을 이룬 것 역시 그대로 훌륭한 불사를 지은 것이요, 49년간 진리의 가르침을 설하신 것 역시 그대로 훌륭한 불사를 지은 것이요, 마지막으로 열반을 보이신 것 또한 큰 불사를 지은 것이다. 불사 아닌 것이 무엇이 있겠는가. 부처님의 이와 같은 불사 지음을 보고 깨닫지 못한다면 어찌해야 하는가.

부 위 화 도 일 체 천 인   용 신   야 차   건 달 바
復爲化度一切天人과 龍神과 夜叉와 乾闥婆와

아 수 라   가 루 라   긴 나 라   마 후 라 가   인 비 인
阿修羅와 迦樓羅와 緊那羅와 摩睺羅伽와 人非人

등고　수기낙욕　자쇄기신　이위사리
等故로 **隨其樂欲**하야 **自碎其身**하야 **以爲舍利**호대

무량무수　불가사의　영제중생　기정신
無量無數하야 **不可思議**하야 **令諸衆生**으로 **起淨信**

심　　공경존중　환희공양　수제공덕
心하야 **恭敬尊重**하고 **歡喜供養**하야 **修諸功德**하야

구족원만
具足圓滿하며

"또 모든 천신과 사람들과 용과 신과 야차와 건달바와 아수라와 가루라와 긴나라와 마후라가와 사람인 듯 아닌 듯한 이들을 교화하려고 그들의 욕망을 따라 스스로의 몸을 부수어 사리舍利를 만들되 한량없고 수없고 헤아릴 수 없이 해서 모든 중생들로 하여금 청정한 신심을 일으키게 하며, 공경하고 존중하고 환희하고 공양하여 모든 공덕을 닦아서 원만케 하느니라."

부처님은 모든 사람 모든 생명을 교화하기 위하여 열반에 드신 뒤에도 그 몸을 부수어 낱낱이 사리로 삼아서 모든 중생들에게 청정한 신심을 일으키게 하며, 공경하고 존중하

고 환희하고 공양하여 모든 공덕을 닦게 하였다. 이 얼마나 큰 불사인가. 스님들이 원적에 들어 다비를 끝내고 나면 습골拾骨과 쇄골碎骨과 산골散骨을 하는데 그 과정을 눈에 선하게 하는 내용이다. 아직도 이름 있는 큰스님들의 유골을 나누어 여러 곳에 탑이나 부도를 세워 모신다. 이 또한 훌륭한 불사이다.

부기어탑　　종종엄식　　어제천궁　용궁
復起於塔하야 種種嚴飾하야 於諸天宮과 龍宮과

야차궁　건달바　아수라　가루라　긴나라
夜叉宮과 乾闥婆와 阿修羅와 迦樓羅와 緊那羅와

마후라가　인비인등제궁전중　이위공양
摩睺羅伽와 人非人等諸宮殿中에 以爲供養하며

"또 탑을 조성하고 여러 가지로 장엄하여 모든 천궁과 용궁과 야차의 궁전과 건달바와 아수라와 가루라와 긴나라와 마후라가와 사람인 듯 아닌 듯한 이들의 모든 궁전에서 공양하느니라."

부처님의 사리는 세상 곳곳에서 온갖 중생들이 사리탑을 세워 모셔서 공양 올린다. 만약 사리가 없으면 경전을 사리탑에 넣어 모시기도 한다. 부처님의 경전은 '법신法身 사리'이기 때문이다. 이 또한 훌륭한 불사이다.

아 치 조 발　　함 이 기 탑　　영 기 견 자　　개 실 염
牙齒爪髮을 咸以起塔하야 令其見者로 皆悉念

불 염 법 염 승　　신 락 불 회　　성 경 존 중　　　재 재
佛念法念僧하야 信樂不迴하며 誠敬尊重하야 在在

처 처　　보 시 공 양　　수 제 공 덕
處處에 布施供養하야 修諸功德하고

"치아와 손톱과 머리카락으로 탑을 조성하여 보는 이로 하여금 부처님[佛]을 생각하고 법法을 생각하고 스님[僧]을 생각하며 신심을 돌이키지 않고 정성으로 존중하며, 가는 곳마다 보시하고 공양하여 모든 공덕을 닦느니라."

부처님의 사리에는 유골 사리뿐만 아니라 치아 사리도

있고 손가락 사리도 있고 머리카락 사리도 있다. 어떤 사리
가 되었든 낱낱이 탑을 세워 그 사리탑을 보는 사람들로 하
여금 부처님과 법과 스님을 생각하며 진심을 다해 공경하고
존중하며 보시와 공양으로 온갖 공덕을 닦게 하여 불사를
짓는다.

이 시 복 고　　혹 생 천 상　　혹 처 인 간　　종 족
以是福故로 或生天上하며 或處人間호대 種族

존 영　　재 산 비 족　　소 유 권 속　　실 개 청 정
尊榮하고 財産備足하며 所有眷屬이 悉皆淸淨하며

불 입 악 취　　상 생 선 도　　항 득 견 불　　구 중 백
不入惡趣하고 常生善道하야 恒得見佛하야 具衆白

법
法하며

"이러한 복덕으로 천상에도 태어나고 인간에도 태어
나서는 문벌이 훌륭하고 재산이 풍족하고 권속들이 청
정하며, 나쁜 길에 떨어지지 않고 항상 좋은 길에 태어
나서 늘 부처님을 뵈옵고 여러 가지 청정한 법[白法]을
구족하느니라."

부처님의 사리탑에 공양하고 예배하면 그 복덕으로 천상에도 태어나고 인간에도 태어나서는 문벌이 훌륭하고 재산이 풍족하고 권속들이 청정하며, 나쁜 길에 떨어지지 않고 항상 좋은 길에 태어나서 늘 부처님을 뵈옵고 여러 가지 청정한 법을 갖추게 된다. 그런 까닭에 부처님이 열반에 들고 초기에는 사리탑을 신앙하다가 그 후에 불상을 모셔서 예배하고 공양하게 되었던 것이다.

어삼유중   속득출리   각수소원   획자
於三有中에 速得出離하야 各隨所願하야 獲自

승과   어여래소   지은보은   영여세간
乘果하며 於如來所에 知恩報恩하야 永與世間으로

작소귀의
作所歸依하나니

"세 가지 세계[三有]에서 빨리 벗어나 제각기 소원대로 자기의 과보를 얻으며 여래의 은혜를 알고 은혜를 갚으며, 영원히 세간의 귀의할 데가 되느니라."

부처님의 사리탑에 예배하고 공양하면 세 가지 세계인 욕계와 색계와 무색계를 빨리 벗어나 제각기 소원대로 자기의 과보를 얻게 된다. 또 부처님의 사리탑을 예배하고 공양하여 모시는 것은 여래의 은혜를 알고 은혜를 갚는 일이며, 영원히 세간의 귀의할 데가 되는 것이다.

불자　제불세존　수반열반　　잉여중생
佛子야 諸佛世尊이 雖般涅槃이나 仍與衆生으로

작부사의청정복전　무진공덕최상복전　　영
作不思議淸淨福田과 無盡功德最上福田하사 令

제중생　선근구족　　복덕원만　시위제십
諸衆生으로 善根具足하며 福德圓滿이니 是爲第十

광대불사
廣大佛事니라

"불자여, 모든 부처님 세존께서 비록 열반에 드시더라도 모든 중생의 헤아릴 수 없는 청정한 복전이 되고 끝없는 공덕의 가장 높은 복전이 되어 모든 중생들의 착한 뿌리를 구족하고 복덕을 원만케 하나니, 이것이 열째 광대한 불사이니라."

부처님 세존은 비록 열반에 드시더라도 모든 중생들에게 무한한 복전이 되고 영원한 스승이 된다. 세존께서 열반에 드신 지 얼마나 오래인가. 그런데도 지금까지 얼마나 많은 복전이 되고 모든 중생들의 귀의할 곳이 되는가. 아무리 찬 탄하더라도 그 공덕을 다 설명할 수 없다.

불자   차제불사   무량광대   불가사의
佛子야 此諸佛事가 無量廣大하야 不可思議하야

일체세간   제천급인   급거래금성문독각   개
一切世間에 諸天及人과 及去來今聲聞獨覺은 皆

불능지   유제여래위신소가
不能知요 唯除如來威神所加니라

"불자여, 이 모든 불사는 한량없고 광대하고 불가사 의해서 일체 세간의 천신과 사람과 과거 미래 현재의 성문과 독각들도 알지 못하거니와, 오직 여래의 위신력 으로 가피를 받은 이는 제외될 것이니라."

이 모든 불사는 한량없고 광대하고 불가사의해서 일체 세간의 천신과 사람들이 알지 못한다. 또 과거 미래 현재의 성문과 독각들도 알지 못한다. 오직 여래의 위신력으로 가피를 받은 이라면 조금은 알 수 있으리라.

(5) 둘이 없는 행行의 자재한 법

불 자　제 불 세 존　유 십 종 무 이 행 자 재 법
佛子야 **諸佛世尊**이 **有十種無二行自在法**하시니

하 등　위 십　소 위 일 체 제 불　실 능 선 설 수 기 언
何等이 **爲十**고 **所謂一切諸佛**이 **悉能善說授記言**

사　결 정 무 이
辭하야 **決定無二**하며

"불자여, 모든 부처님 세존께는 열 가지 둘이 없는 행에 자유자재한 법이 있으니, 무엇이 열인가. 이른바 일체 모든 부처님이 다 수기授記하는 말씀을 잘 설하시는 것이 결정하여 둘이 없느니라."

일체 모든 부처님은 똑같이 다른 모든 사람과 다른 모든 생명들이 다 같이 불성이 있으므로 실제에 있어서는 부처님

이라는 사실을 수기하여 보증하는 말씀을 하신다. 이것은
너무나 분명하고 확실하여 다른 말이 있을 수 없다. 즉 결정
하여 둘이 없다. 그러므로 만약 일체 생명을 부처님으로 수
기하지 않는다면 그는 부처님이 아니다.

일 체 제 불　　실 능 수 순 중 생 심 념　　영 기 의 만
一切諸佛이 悉能隨順衆生心念하사 令其意滿

　결 정 무 이
하야 決定無二하며

"일체 모든 부처님이 다 중생들의 생각함을 따라 그
뜻을 만족하게 함이 결정하여 둘이 없느니라."

일체 모든 부처님은 똑같이 중생들의 생각함을 따라 그
뜻을 만족하게 하는 데 두 가지 견해가 있을 수 없다. 중생
들을 즐겁게 하고자 하지 않는 부처님이 어디에 있겠는가.
즉 분명하고 확실하여 둘이 없다. 그러므로 만약 중생들에
게 자비를 베풀어 즐겁게 하지 않는다면 그는 깨달은 사람
이 아니다.

일체제불　　실능현각일체제법　　연설기의
一切諸佛이 **悉能現覺一切諸法**하사 **演說其義**

결 정 무 이
하야 **決定無二**하며

"일체 모든 부처님이 다 일체 모든 법을 분명히 깨
닫고 그 뜻을 말씀함이 결정하여 둘이 없느니라."

　일체 모든 법을 분명하게 깨닫고 그 뜻을 연설하는 일도
법을 깨달은 부처님이라면 다른 견해가 있을 수 없다. 그러
므로 만약 법을 설하여 참다운 이치를 가르치지 않는다면
그는 불법을 아는 사람이 아니다.

일체제불　　실능구족거래금세제불지혜
一切諸佛이 **悉能具足去來今世諸佛智慧**하야

결 정 무 이
決定無二하며

"일체 모든 부처님이 다 과거 미래 현재에 계신 모
든 부처님의 지혜를 구족함이 결정하여 둘이 없느니라."

모든 깨달은 사람은 깨달음의 지혜를 다 구족하였다. 만약 그렇지 못하다면 그는 깨달은 사람이 아니다.

일 체 제 불　　실 지 삼 세 일 체 찰 나　　즉 일 찰 나
一切諸佛이 **悉知三世一切刹那**가 **卽一刹那**하야

결 정 무 이
決定無二하며

"일체 모든 부처님이 다 세 세상의 일체 찰나가 곧한 찰나인 줄을 아는 것이 결정하여 둘이 없느니라."

일체 모든 부처님은 과거 현재 미래의 모든 시간이 곧 한 찰나임을 안다. 만약 구세九世 십세十世가 서로서로 같은 것이어서 한 찰나임을 알지 못한다면 그는 깨달은 사람이 아니다. 깨달은 사람들은 시간에 대한 이해가 결정하여 둘이 없다.

일체제불　　실 지 삼 세 일 체 불 찰　　입 일 불 찰
一切諸佛이 悉知三世一切佛刹이 入一佛刹

결 정 무 이
하야 決定無二하며

"일체 모든 부처님이 다 세 세상 일체 부처님의 세
계가 한 부처님의 세계에 들어감을 아는 것이 결정하여
둘이 없느니라."

앞에서 말한 시간과 같이 공간에 대해서도 깨달은 사람
들은 일체 세계가 한 세계에 다 들어감을 다 같이 알아 둘이
없다. 만약 공간성을 그와 같이 알지 못한다면 그는 깨달은
사람이 아니다.

일체제불　　실 지 삼 세 일 체 불 어　　즉 일 불 어
一切諸佛이 悉知三世一切佛語가 卽一佛語

결 정 무 이
하야 決定無二하며

"일체 모든 부처님이 다 세 세상 일체 부처님의 말

씀이 곧 한 부처님의 말씀임을 아는 것이 결정하여 둘이 없느니라."

깨달은 사람들의 말은 과거나 현재나 미래나 그 말씀이 똑같은 줄을 안다. 만약 다른 말로 안다면 그는 제대로 깨달은 사람이 아니다.

일 체 제 불   실 지 삼 세 일 체 제 불   여 기 소 화
一切諸佛이 悉知三世一切諸佛이 與其所化

일 체 중 생   체 성 평 등   결 정 무 이
一切衆生으로 體性平等하야 決定無二하며

"일체 모든 부처님이 다 세 세상 일체 모든 부처님이 교화할 일체 중생과 성품이 평등함을 아는 것이 결정하여 둘이 없느니라."

일체 모든 부처님은 과거 현재 미래의 부처님이나 중생이나 그 성품이 동일하여 평등하다는 사실을 안다. 만약 다르게 안다면 그는 "마음과 부처와 중생, 이 셋은 차별이 없다."

라는 말도 모르는 사람이다.

　　　　일 체 제 불　　　실 지 세 법　　　급 제 불 법　　　성 무 차 별
　　　一切諸佛이 悉知世法과 及諸佛法이 性無差別

　　　　결 정 무 이
하야 決定無二하며

"일체 모든 부처님이 다 세상법과 모든 부처님 법의 성
품이 차별이 없음을 아는 것이 결정하여 둘이 없느니라."

　깨달은 사람들은 세상법과 부처님의 법이 그 본성이 차
별 없이 같다는 사실을 안다. 만약 세상법과 불법을 다르게
안다면 그는 불교를 알지 못하는 사람이다.

　　　　일 체 제 불　　　실 지 삼 세 일 체 제 불　　소 유 선 근
　　　一切諸佛이 悉知三世一切諸佛의 所有善根이

동 일 선 근　　　결 정 무 이　　시 위 십
同一善根하야 決定無二가 是爲十이니라

"일체 모든 부처님이 다 세 세상 일체 모든 부처님들의 가지신 착한 뿌리가 다 같은 착한 뿌리임을 아는 것이 결정하여 둘이 없나니, 이것이 열이니라."

선근이란 나에게도 이롭고 다른 사람에게도 이로운 일이다. 과거 현재 미래의 모든 깨달은 사람은 그와 같은 선근이 모두 동일하다는 사실을 안다. 이것은 결정적인 일이다. 분명한 사실이다. 다른 견해가 있을 수 없다.

(6) 일체 법에 머물다

불자 제불세존 유십종주 주일체법
佛子야 **諸佛世尊**이 **有十種住**하야 **住一切法**하시니

하등 위십 소위일체제불 주각오일체법계
何等이 **爲十**고 **所謂一切諸佛**이 **住覺悟一切法界**
하며

"불자여, 모든 부처님 세존께서는 열 가지 머무름이 있어 일체 법에 머무나니, 무엇이 열인가. 이른바 일체 모든 부처님은 일체 법계를 깨달음에 머무느니라."

모든 부처님은 먼저 일체 법계를 깨닫는 것에 머물러야 한다. 일체 법계를 깨달아야 부처님이라고 할 수 있기 때문이다.

一切諸佛이 住大悲語하며 一切諸佛이 住本大願하며

"일체 모든 부처님은 크게 가엾이 여기는 말에 머물고, 일체 모든 부처님은 본래의 큰 서원에 머무느니라."

부처님은 당연히 중생을 가엾이 여기는 마음에 머물러야 하고, 어리석은 중생을 교화하려는 큰 서원에 머물러야 한다. 중생을 가엾이 여기는 마음과 중생을 교화하려는 서원이 없으면 그는 부처님이 아니다.

一切諸佛이 住不捨調伏衆生하며 一切諸佛이

주 무 자 성 법
住無自性法하며

"일체 모든 부처님은 중생들을 버리지 않고 조복함에 머물고, 일체 모든 부처님은 제 성품이 없는 법에 머무느니라."

부처님은 자신이 깨달은 법으로 일체 중생을 조복하고 한 사람도 버리지 않는다. 또 부처님은 자체의 고정된 성품이 없는 법에 머문다. 중생을 교화하고 조복하지 않으면 부처님이 아니요 보살이 아니요 선지식이 아니다. 고통받는 중생을 버리고 외면한다면 부처님이 아니요 보살이 아니요 선지식이 아니다.

일 체 제 불 주 평 등 이 익 일 체 제 불 주 무
一切諸佛이 **住平等利益**하며 **一切諸佛**이 **住無**

망 실 법
忘失法하며

"일체 모든 부처님은 평등하게 이익되게 하는 데 머

물고, 일체 모든 부처님은 잊어버림이 없는 법에 머무
느니라."

부처님은 중생을 이익되게 하는 데 차별이 없다. 만약 사
람을 차별한다면 부처님이 아니다. 또 부처님은 어떤 법을
아는 데 있어서 결코 잊어버리지 않는다. 보통의 중생들은
항상 배우고 또 항상 잊어버린다. 그러나 잊어버리면서 또
한 자란다. 마치 콩나물을 물을 줘서 키우는데 물은 다 새
어 나가지만 어느새 콩나물은 자라 있는 것과 같다.

일 체 제 불　　주 무 장 애 심　　일 체 제 불　　주 항
一切諸佛이 住無障礙心하며 一切諸佛이 住恒

정 정 심　　일 체 제 불　　주 등 입 일 체 법　　불 위 실
正定心하며 一切諸佛이 住等入一切法하야 不違實

제 상　　시 위 십
際相이 是爲十이니라

"일체 모든 부처님은 장애가 없는 마음에 머물고, 일
체 모든 부처님은 항상 바른 선정의 마음에 머물고, 일

체 모든 부처님은 일체 법에 평등하게 들어가 실제를
어기지 않는 데 머무나니, 이것이 열이니라."

부처님이 무슨 장애가 있겠는가. 어떤 일에도 장애가 있
으면 부처님이 아니다. 또 부처님은 항상 바른 선정의 마음
에 머문다. 또 일체 법에 평등하게 들어가 실제를 어기지 않
는 데 머문다. 부처님의 불가사의한 법은 아무리 열거해도
다할 수 없다.

(7) 일체 법을 다 알아서 남음이 없다

불자　　제불세존　　유십　종지일체법진무유
佛子야 諸佛世尊이 有十種知一切法盡無有

여　　하등　　위십　　소위지과거일체법　　진
餘하시니 何等이 爲十고 所謂知過去一切法하야 盡

무유여　　지미래일체법　　진무유여　　지현
無有餘하며 知未來一切法하야 盡無有餘하며 知現

재일체법　　진무유여
在一切法하야 盡無有餘하며

"불자여, 모든 부처님 세존께는 일체 법을 알아 다하고 남음이 없는 것이 열 가지가 있으니, 무엇이 열인가. 이른바 과거의 일체 법을 알아 다하고 남음이 없으며, 미래의 일체 법을 알아 다하고 남음이 없으며, 현재의 일체 법을 알아 다하고 남음이 없느니라."

일체 모든 부처님은 과거 현재 미래의 모든 법을 다 알아서 남음이 없다. 부처님이 어찌 일체 법에 대해서 모르는 면이 있겠는가.

지 일 체 언 어 법   진 무 유 여   지 일 체 세 간
知一切言語法하야 **盡無有餘**하며 **知一切世間**

도   진 무 유 여   지 일 체 중 생 심   진 무 유 여
道하야 **盡無有餘**하며 **知一切衆生心**하야 **盡無有餘**
하며

"일체 말하는 법을 알아 다하고 남음이 없으며, 일체 세간의 도리를 알아 다하고 남음이 없으며, 일체 중생의 마음을 알아 다하고 남음이 없느니라."

말하는 법과 세간의 도리와 중생들의 마음까지 다 알아 남음이 없다.

지일체보살선근　상중하종종분위　진무
知一切菩薩善根의 上中下種種分位하야 盡無

유여　　지일체불원만지　급제선근　부증불
有餘하며 知一切佛圓滿智와 及諸善根의 不增不

감　　진무유여
減하야 盡無有餘하며

"일체 보살의 착한 뿌리가 상품 중품 하품으로 갖가지 나눈 자리[分位]를 알아 다하고 남음이 없으며, 일체 부처님의 원만한 지혜와 모든 착한 뿌리가 늘지도 않고 줄지도 않음을 알아 다하고 남음이 없느니라."

또 일체 보살의 착한 뿌리가 상품 중품 하품으로 갖가지 나눈 자리와 일체 부처님의 원만한 지혜와 모든 선근이 늘지도 않고 줄지도 않음을 다 알아 남음이 없다.

지 일 체 법　개 종 연 기　　진 무 유 여　　지 일
知一切法이 **皆從緣起**하야 **盡無有餘**하며 **知一**

체 세 계 종　　진 무 유 여　　지 일 체 법 계 중　　여
切世界種하야 **盡無有餘**하며 **知一切法界中**에 **如**

인 다 라 망 제 차 별 사　　진 무 유 여　　시 위 십
因陀羅網諸差別事하사 **盡無有餘**가 **是爲十**이니라

"일체 법이 모두 인연으로 일어난 줄을 알아 다하고
남음이 없으며, 일체 세계종世界種을 알아 다하고 남음이
없으며, 일체 법계 가운데 인드라그물과 같은 차별한
일을 알아 다하고 남음이 없나니, 이것이 열이니라."

또 일체 법이 모두 인연으로 일어남과 다중의 세계가 하
나로 되어 있는 세계종과 일체 법계 가운데 인드라그물과 같
은 차별한 일들까지 다 알아 남음이 없다.

(8) 부처님은 열 가지 광대한 힘이 있다

불 자　제 불 세 존　　유 십 종 력　　하 등　위 십
佛子야 **諸佛世尊**이 **有十種力**하시니 **何等**이 **爲十**고

소위광대력　　최상력　　무량력　　대위덕력
所謂廣大力과 最上力과　無量力과 大威德力과

난획력　　불퇴력　　견고력　　불가괴력　　일체세
難獲力과 不退力과 堅固力과 不可壞力과 一切世

간부사의력　　일체중생무능동력　　시위십
間不思議力과 一切衆生無能動力이 是爲十이라

　"불자여, 모든 부처님 세존께는 열 가지 힘이 있나니
무엇이 열인가. 이른바 광대한 힘과 가장 높은 힘과 한
량없는 힘과 큰 위덕의 힘과 얻기 어려운 힘과 물러나
지 않는 힘과 견고한 힘과 파괴할 수 없는 힘과 일체 세
간이 헤아릴 수 없는 힘과 일체 중생이 흔들 수 없는 힘
이니, 이것이 열이니라."

　부처님의 불가사의한 법에는 열 가지 광대한 힘이 있다.
광대한 힘과 가장 높은 힘과 한량없는 힘과 큰 위덕의 힘과
얻기 어려운 힘과 물러나지 않는 힘 등이다. 부처님은 곧 힘
이고 힘은 곧 부처님이다.

(9) 부처님은 열 가지 용건법이 있다

1〉몸과 목숨을 무너뜨릴 수 없다

_{불 자} _{제 불 세 존} _{유 십 종 대 나 라 연 당 용 건}
佛子야 諸佛世尊이 有十種大那羅延幢勇健

_법 _{하 자} _{위 십} _{소 위 일 체 제 불} _{신 불 가 괴}
法하시니 何者가 爲十고 所謂一切諸佛이 身不可壞며

_{명 불 가 단} _{세 간 독 약} _{소 불 능 중} _{일 체 세 계}
命不可斷이니 世間毒藥의 所不能中이며 一切世界

_{수 화 풍 재} _{개 어 불 신} _{불 능 위 해}
水火風災가 皆於佛身에 不能爲害며

"불자여, 모든 부처님 세존께는 열 가지 큰 나라연당
기처럼 용감하고 굳건한 법[勇健法]이 있느니라. 무엇이
열인가. 이른바 일체 모든 부처님은 그 몸을 무너뜨릴
수 없고, 목숨을 끊을 수 없고, 세간의 독약으로 중독시
킬 수 없고, 일체 세계의 수재와 화재와 풍재가 모두 부
처님의 몸을 해할 수 없느니라."

부처님에게는 열 가지 용감하고 굳건한 법[勇健法]이 있다.
먼저 부처님의 몸과 목숨을 어떤 독약이나 수재와 화재와 풍
재로도 해칠 수 없다. 세존이 열반에 드실 때 변질된 음식을

잘못 드시고 병이 나서 열반에 들었다고 하는 것은 오온으로 된 육신의 몸을 말한다. 부처님의 몸이 아니다. 부처님의 몸, 진리의 몸, 법의 몸은 영원히 불생불멸이다.

一切諸魔와 天龍과 夜叉와 乾闥婆와 阿修羅와
일체제마   천용   야차   건달바   아수라

迦樓羅와 緊那羅와 摩睺羅伽와 人非人과 毘舍闍와
가루라   긴나라   마후라가   인비인   비사사

羅刹等이 盡其勢力하야 雨大金剛을 如須彌山과
나찰등   진기세력   우대금강   여수미산

及鐵圍山하야 徧於三千大千世界하야 一時俱下라도
급철위산   변어삼천대천세계   일시구하

不能令佛로 心有驚怖하며
불능령불   심유경포

"일체 모든 마군과 천신과 용과 야차와 건달바와 아수라와 가루라와 긴나라와 마후라가와 사람인 듯 아닌 듯한 이와 비사사와 나찰 따위가 그들의 힘을 다하여 큰 금강을 비 내리기를 수미산 같고 철위산과 같이 해서 삼천대천세계에 두루 한꺼번에 내리더라도 능히 부

처님의 마음을 놀라게 할 수 없느니라."

부처님의 몸과 목숨은 모든 마군과 천신과 용과 야차와 건달바와 아수라 등이 온갖 날카로운 무기를 이용하더라도 무너지지 않기 때문에 두려움을 느끼지 않는다. 이것도 역시 부처님의 용감하고 굳건한 법이다.

내 지 일 모　역 불 요 동　행 주 좌 와　초 무 변
乃至一毛도 亦不搖動하야 行住坐臥에 初無變

역　　불 소 주 처 사 방 원 근　불 령 기 하　　즉 불 능
易일새 佛所住處四方遠近에 不令其下하야 則不能

우　　가 사 부 제　이 종 우 지　　종 불 위 손
雨하며 假使不制하야 而從雨之라도 終不爲損이니

"내지 한 터럭도 또한 움직일 수 없어서 가거나 서 거나 앉거나 눕거나 조금도 변동되지 않으며, 부처님 계신 곳에서 사방으로 멀거나 가깝거나 내리지 못하게 하면 곧 내릴 수 없고, 설사 막지 아니하여 내리더라도 마침내 손상시키지 못하느니라."

부처님의 몸은 어떤 무기로 해를 가하더라도 한 터럭도 움직일 수 없으며, 가거나 서거나 앉거나 눕거나에 조금도 변동하지 않는다. 이것도 역시 부처님의 용감하고 굳건한 법이다.

약유중생 위불소지 급불소사   상불가
若有衆生이 爲佛所持와 及佛所使라도 尙不可

해   황여래신   시위제불   제일대나라연당
害어든 況如來身가 是爲諸佛의 第一大那羅延幢

용건법
勇健法이니라

"만약 어떤 중생이 부처님의 가지加持를 입거나 부처님의 심부름을 하더라도 오히려 해할 수 없거든 하물며 여래의 몸이겠는가. 이것이 모든 부처님의 첫째 큰 나라연당기幢旗처럼 용감하고 굳건한 법이니라."

설사 어떤 중생이 부처님의 가피를 입거나 심부름을 하더라도 오히려 그를 해칠 수 없다. 그런데 어찌 여래의 몸이겠는가. 이것이 첫째가는 부처님의 큰 금강과 같은 당기의 용감하고 굳건한 법이다.

2) 한 모공에 온 세계를 다 수용하다

佛_불子_자야 一_일切_체諸_제佛_불이 以_이一_일切_체法_법界_계諸_제世_세界_계中_중須_수

彌_미山_산王_왕과 及_급鐵_철圍_위山_산과 大_대鐵_철圍_위山_산과 大_대海_해山_산林_림과 宮_궁

殿_전屋_옥宅_택으로 置_치一_일毛_모孔_공하야 盡_진未_미來_래劫_겁호대 而_이諸_제衆_중生_생이

不_불覺_각不_부知_지요 唯_유除_제如_여來_래神_신力_력所_소被_피니

"불자여, 일체 모든 부처님이 일체 법계의 모든 세계 가운데 있는 수미산과 철위산과 큰 철위산과 큰 바다와 산림과 궁전과 집들을 한 모공에 넣고 오는 세월이 다 하더라도 모든 중생은 깨닫지 못하고 알지 못하나니, 오직 여래의 신통으로 가피받은 이는 제외되느니라."

저 드넓은 우주법계는 모두 부처님의 작은 모공 속에 있

다. 부처님이 그 모든 우주법계를 한 모공 속에 넣고 미래 겁이 다하더라도 중생들은 알지 못하고 깨닫지 못한다.

佛子야 爾時諸佛이 於一毛孔에 持於爾所一

切世界하야 盡未來劫토록 或行或住하며 或坐或臥

호대 不生一念勞倦之心하나니

"불자여, 이때에 모든 부처님이 한 모공에 저러한 일체 세계를 지니고 오는 세월이 다하도록 혹은 가고 혹은 머물고 혹은 앉고 혹은 눕더라도 잠깐도 고달픈 마음을 내지 않느니라."

이때에 모든 부처님이 한 모공에 저러한 우주법계와 일체 세계를 지니고 오는 세월이 다하도록 혹은 가고 혹은 머물고 혹은 앉고 혹은 눕더라도 잠깐도 고달픈 마음을 내지 않는다. 이것도 역시 부처님의 용감하고 굳건한 법이다.

불자 비여허공 보지일체변법계중소유
佛子야 譬如虛空이 普持一切徧法界中所有

세계 이무노권 일체제불 어일모공
世界호대 而無勞倦인달하야 一切諸佛이 於一毛孔에

지제세계 역 부여시 시위제불 제이대 나 라
持諸世界도 亦復如是니 是爲諸佛의 第二大那羅

연당용건법
延幢勇健法이니라

"불자여, 비유하면 마치 허공이 온 법계에 가득한 모
든 세계를 널리 지니더라도 고달픔이 없는 것과 같이
일체 모든 부처님이 한 모공에 모든 세계를 지님도 또
한 그와 같나니, 이것이 모든 부처님의 둘째 큰 나라연
당기처럼 용감하고 굳건한 법이니라."

부처님이 한 모공에 저러한 우주법계와 일체 세계를 지니
고 오는 세월이 다하도록 혹은 가고 혹은 머물고 하는 일을
허공에 비유하여 밝혔다. 저 허공 속에 온 법계에 가득한 모
든 세계를 널리 지니더라도 고달픔이 없다. 부처님이 모공
속에 우주를 다 지니는 것도 그와 같다. 스스로 허공이 되어

야 모든 것을 다 지니고 수용하는 용감하고 굳건한 법[勇健
法]이 있게 된다.

3〉 한 모공이 큰 산을 다 지니는 힘이 있다

불자 일체제불 능어일념 기불가설불가
佛子야 **一切諸佛**이 **能於一念**에 **起不可說不可**

설세계미진수보 일일보 과불가설불가설
說世界微塵數步하고 **一一步**에 **過不可說不可說**

불찰미진수국토 여시이행 경일체세계
佛刹微塵數國土하사 **如是而行**하야 **經一切世界**

미진수겁
微塵數劫하나니

"불자여, 일체 모든 부처님이 잠깐 동안에 말할 수
없이 말할 수 없는 세계의 작은 먼지 수같이 많은 걸음
을 걷고, 한 걸음마다 말할 수 없이 말할 수 없는 세계
의 작은 먼지 수같이 많은 국토를 지나가며, 이와 같이
걸어서 일체 세계의 작은 먼지 수 겁을 경과하느니라."

부처님은 시간과 공간이 서로서로 융통 자재하여 걸림이

없다. 예컨대 잠깐 동안에 말할 수 없이 말할 수 없는 세계의 작은 먼지 수같이 많은 걸음을 걷고, 한 걸음마다 말할 수 없이 말할 수 없는 세계의 작은 먼지 수같이 많은 국토를 지나가며, 이와 같이 걸어서 일체 세계의 작은 먼지 수 겁을 경과한다 하더라도 걸림이 없이 자유자재하다. 이것이 부처님의 용감하고 굳건한 법이다.

불자 가사유일대금강산 여상소경일체
佛子야 假使有一大金剛山이 與上所經一切

불찰 기량정등 여시량등대금강산 유불
佛刹로 其量正等하야 如是量等大金剛山이 有不

가설불가설불찰미진수 제불 능이여시제
可說不可說佛刹微塵數어든 諸佛이 能以如是諸

산 치일모공 불신모공 여법계중일체중
山으로 置一毛孔하며 佛身毛孔이 與法界中一切衆

생모공수등 일일모공 실치이허대금강
生毛孔數等이어든 一一毛孔에 悉置爾許大金剛

산 지이허산 유행시방 입진허공일체
山하야 持爾許山하고 遊行十方하야 入盡虛空一切

세계 종어전제 진미래제 일체제겁 무
世界하야 從於前際로 盡未來際토록 一切諸劫에 無

유휴식 불신무손 역불노권 심상재정
有休息호대 佛身無損하며 亦不勞倦하야 心常在定

무유산란 시위제불 제삼대나라연당용
하야 無有散亂이니 是爲諸佛의 第三大那羅延幢勇

건법
健法이니라

　"불자여, 가령 하나의 큰 금강산이 있는데, 위에서
지나온 일체 세계와 그 수량이 같으며, 이와 같은 수량
의 큰 금강산이 말할 수 없이 말할 수 없는 세계의 작
은 먼지 수와 같거든, 모든 부처님이 능히 이와 같은 모
든 산을 한 모공에 넣으며, 부처님 몸의 모공이 법계에
있는 일체 중생의 모공 수와 같은데, 낱낱 모공에 모두
저러한 큰 금강산을 넣고 저러한 산을 지니고 시방으로
다니면서 온 허공의 일체 세계에 들어가서 앞 세월로부
터 오는 세월이 다하도록 일체 모든 겁 동안에 쉬지 아
니하건마는 부처님의 몸은 손상되지도 않고 또한 고달
프지도 않으며, 마음은 항상 선정에 있어 산란함이 없
나니, 이것이 모든 부처님의 셋째 큰 나라연당기처럼

용감하고 굳건한 법이니라."

부처님이 한 모공 속에 무수한 금강산을 다 넣고 낱낱 모공 속에도 다 그와 같이 해서 시방세계를 무한한 과거에서 무한한 미래에까지 돌아다녀도 부처님의 몸은 손상되지도 않고 또한 고달프지도 않으며, 마음이 항상 선정에 있어 산란함이 없다. 이것이 부처님의 용감하고 굳건한 법이다.

4) 삼매의 작용이 자유자재하다

불자 야 일체제불이 일좌식이 결가부좌하야
佛子야 **一切諸佛**이 **一坐食已**에 **結跏趺坐**하야

경전후제불가설겁토록 입불소수부사의락하사
經前後際不可說劫토록 **入佛所受不思議樂**하사

기신안주하야 적연부동호대 역불폐사화중생사하나니
其身安住하야 **寂然不動**호대 **亦不廢捨化衆生事**
하나니

"불자여, 일체 모든 부처님이 한번 앉음에 밥 먹고는 가부좌하고 앉아서 앞세상과 뒤세상을 말할 수 없는 겁

을 지나면서 부처님들이 받는 부사의한 낙을 받는 데
들어가 그 몸이 편안하게 머물러서 고요하게 동요하지
않지마는 또한 중생을 교화하는 일을 버리지 않느니라."

부처님이 삼매에 들어서 자유자재한 작용을 일으키는 용
감하고 굳건한 법을 밝혔다. 부처님의 삼매는 가부좌를 하
고 앉아서 무수한 세월을 지나면서 즐거움을 누리더라도 부
처님의 책임인 중생 교화하는 일을 저버리지 않는다. 오히려
더욱 왕성하게 교화한다. 이것이 부처님의 용감하고 굳건한
법이다.

佛子야 假使有人이 於徧虛空一一世界를 悉
以毛端으로 次第度量이라도 諸佛이 能於一毛端處에
結跏趺坐하사 盡未來劫하며 如一毛端處하야 一切
毛端處도 悉亦如是니라

"불자여, 가령 어떤 사람이 허공에 두루 한 낱낱 세계를 모두 털끝으로 차례차례 헤아리는데 모든 부처님이 능히 한 털끝만 한 곳에서 가부좌하고 앉아 오는 세월이 다하도록 하며, 한 털끝만 한 곳에서처럼 일체 털끝만 한 곳에서도 모두 또한 그러하느니라."

가령 어떤 사람이 허공에 두루 한 낱낱 세계를 모두 털끝으로 차례차례 헤아리는 것과 모든 부처님이 능히 한 털끝만 한 곳에서 가부좌하고 앉아 오는 세월이 다하도록 하며, 한 털끝만 한 곳에서처럼 일체 털끝만 한 곳에서도 모두 또한 그렇게 하는 것을 어찌 비교하여 말할 수 있겠는가. 이것이 부처님의 용감하고 굳건한 법이다.

불자 가사 시방 일체 세계 소유 중생 일일
佛子야 假使十方一切世界所有衆生에 一一

중생 기신 대소 실여 불가설 불찰 미진 수세
衆生의 其身大小가 悉與不可說佛刹微塵數世

계 양등 경중 역이 제불 능이이소중
界로 量等하고 輕重도 亦爾하야 諸佛이 能以爾所衆

생으로 置一指端_{하야} 盡於後際所有諸劫_{하며} 一切

指端_도 皆亦如是_{하야} 盡持爾許一切衆生_{하고} 入

徧虛空一一世界_{하야} 盡於法界_{하야} 悉使無餘_{호대}

而佛身心_은 曾無勞倦_{이니} 是爲諸佛_의 第四大那

羅延幢勇健法_{이니라}

　　"불자여, 가령 시방의 일체 세계에 있는 중생들이 낱
낱 중생의 몸이 크기가 말할 수 없는 세계의 작은 먼지
수 세계의 분량과 같고 무게도 역시 그러하거든 모든
부처님이 저러한 중생들을 한 손가락 끝에 놓고 오는
세상의 모든 겁을 다하며, 일체 손가락 끝에도 또한 모
두 이와 같이 해서 저러한 일체 중생을 다 놓고, 온 허
공에 두루 한 낱낱 세계에 들어가서 법계가 다하도록
남음이 없이 하되 부처님의 몸과 마음은 조금도 고달프
지 않나니, 이것이 모든 부처님의 넷째 큰 나라연당기
처럼 용감하고 굳건한 법이니라."

무수한 중생들의 낱낱 몸의 크기가 무한하고 몸의 무게도 역시 무한한데 모든 부처님은 그러한 중생들을 한 손가락 끝에 놓고 오는 세상의 모든 겁을 다하며, 일체 손가락 끝에도 다 놓고 역시 모든 겁을 다하더라도 부처님의 몸과 마음은 조금도 고달프지 않다. 이것이 모든 부처님의 큰 나라연당기처럼 용감하고 굳건한 법이다.

5〉 항상 두루 법을 연설하다

불 자　일 체 제 불　능 어 일 신　화 현 불 가 설 불
佛子야 一切諸佛이 能於一身에 化現不可說不

가 설 불 찰 미 진 수 두　일 일 두　화 현 불 가 설 불
可說佛刹微塵數頭하며 一一頭에 化現不可說不

가 설 불 찰 미 진 수 설　일 일 설　화 출 불 가 설 불
可說佛刹微塵數舌하며 一一舌에 化出不可說不

가 설 불 찰 미 진 수 차 별 음 성　법 계 중 생　미 불
可說佛刹微塵數差別音聲하사 法界衆生이 靡不

개 문
皆聞하며

"불자여, 일체 모든 부처님이 한 몸에서 능히 말할

수 없이 말할 수 없는 부처님 세계의 작은 먼지 수의 머리를 나타내고, 낱낱 머리에서 말할 수 없이 말할 수 없는 부처님 세계의 작은 먼지 수의 혀를 나타내고, 낱낱 혀에서 말할 수 없이 말할 수 없는 부처님 세계의 작은 먼지 수와 같은 차별한 음성을 내거든, 법계의 중생들이 듣지 못하는 이가 없느니라."

부처님은 하나의 몸에서 무수한 머리를 나타내고, 그 낱낱 머리에서 무수한 혀를 나타내고, 낱낱 혀에서 또 무수한 음성을 내는데, 법계의 중생 가운데 그 음성을 듣지 못하는 이가 없다. 이 또한 일체 존재의 존재 원리는 사물과 사물이 서로서로 걸리지 않으면서 조화를 이루며 존재한다는 무애無礙의 이치이다.

일 일 음 성　　연 불 가 설 불 가 설 불 찰 미 진 수 수
一一音聲에 演不可說不可說佛刹微塵數修

다 라 장　　일 일 수 다 라 장　　연 불 가 설 불 가 설 불
多羅藏하며 一一修多羅藏에 演不可說不可說佛

찰 미 진 수 법　　　일 일 법　　유 불 가 설 불 가 설 불 찰
刹微塵數法하며 **一一法**에 **有不可說不可說佛刹**

미 진 수 문 자 구 의
微塵數文字句義하니

"낱낱 음성이 말할 수 없이 말할 수 없는 부처님 세계의 작은 먼지 수의 경장經藏을 연설하고, 낱낱 경장에서 말할 수 없이 말할 수 없는 부처님 세계의 작은 먼지 수의 법을 말하고, 낱낱 법에는 말할 수 없이 말할 수 없는 부처님 세계의 작은 먼지 수의 글자와 구절과 이치가 있느니라."

또 무수한 음성의 그 낱낱 음성에서 무수한 경전을 설하고, 무수한 경전에서 또 무수한 법을 설하고, 낱낱 법에는 다시 무수한 글자와 구절과 이치가 있다.

여 시 연 설　　　진 불 가 설 불 가 설 불 찰 미 진 수 겁
如是演說하야 **盡不可說不可說佛刹微塵數劫**

진 시 겁 이　　부 갱 연 설　　　진 불 가 설 불 가 설 불
하고 **盡是劫已**에 **復更演說**하야 **盡不可說不可說佛**

찰 미 진 수 겁
剎微塵數劫하며

"이와 같이 말할 수 없이 말할 수 없는 부처님 세계의 작은 먼지 수의 겁劫이 다하도록 연설하며, 이러한 겁을 다하고는 또다시 말할 수 없이 말할 수 없는 부처님 세계의 작은 먼지 수의 겁이 다하도록 연설하느니라."

부처님의 하나의 몸에서 무수한 머리, 무수한 머리에서 무수한 혀, 무수한 혀에서 무수한 음성 등등으로 낱낱 법에 이르고 낱낱 법에 다시 무수한 글자와 구절과 이치가 있는 것을 말할 수 없이 말할 수 없는 부처님 세계의 작은 먼지 수의 겁이 다하도록 연설하며, 이러한 겁을 다하고는 또다시 말할 수 없이 말할 수 없는 부처님 세계의 작은 먼지 수의 겁이 다하도록 연설한다. 이것이 부처님의 설법이다. "바람 소리와 시냇물 소리가 모두 부처님의 설법이다."[1] 라는 고인의 말씀의 근거가 된다.

---

1) 溪聲便是廣長舌.

여 시 차 제 내 지 진 어 일 체 세 계 미 진 수　　진 일
如是次第乃至盡於一切世界微塵數하고　**盡一**

체 중 생 심 념 수　　미 래 제 겁　유 가 궁 진　　여
切衆生心念數어든　**未來際劫**은　**猶可窮盡**이어니와　**如**

래 화 신　소 전 법 륜　무 유 궁 진
來化身의　**所轉法輪**은　**無有窮盡**이니

"이와 같은 차례로 내지 일체 세계의 작은 먼지 수
가 다하고 일체 중생의 생각의 수효가 다하되 오는 세
월의 겁은 설사 다한다 하더라도 여래의 화신化身이 굴
리는 법륜法輪은 다함이 없느니라."

여래의 화신化身을 노래한 화신송化身頌이 있다.
"아름답다 저 달이여, 은하銀河를 갈아다 만들었는가
흰 얼굴 머금은 고운 빛은 온 누리 두루두루 다 비추네.
물속의 달을 건지려 함은 부질없는 짓일세
본래로 푸른 하늘 떠나지 않은 저 달이여." [2]

또 이런 게송도 있다.

---

2) 月磨銀漢轉成圓 素面舒光照大天 連臂山山空捉影 孤輪本不落靑天.

"천 강에 물이 있으니 천 강에 달이 있고

만리萬里에 구름 없으니 만리가 하늘이더라."[3]

모두가 부처님의 법신法身과 화신化身의 관계를 적절하게
표현한 글이다.

소위지혜연설법륜   단제의혹법륜   조일
所謂智慧演說法輪과 斷諸疑惑法輪과 照一

체법법륜   개무애장법륜   영무량중생   환
切法法輪과 開無礙藏法輪과 令無量衆生으로 歡

희조복법륜   개시일체제보살행법륜   고승
喜調伏法輪과 開示一切諸菩薩行法輪과 高昇

원만대지혜일법륜   보연조세지혜명등법륜
圓滿大智慧日法輪과 普燃照世智慧明燈法輪과

변재무외종종장엄법륜
辯才無畏種種莊嚴法輪이라

"이른바 지혜로 연설하는 법륜과, 모든 미혹을 끊는

---

3) 千江有水千江月 萬里無雲萬里天.

법륜과, 일체 법을 비추는 법륜과, 걸림이 없는 창고[藏]를 여는 법륜과, 한량없는 중생을 환희케 하여 조복하는 법륜과, 일체 모든 보살의 행을 열어 보이는 법륜과, 높이 떠오르는 원만한 지혜의 태양의 법륜과, 세상을 비추는 지혜의 등불을 널리 밝히는 법륜과, 두려움 없는 변재로 갖가지 장엄하는 법륜이니라."

다함이 없는 여래 화신이 다함이 없이 법륜을 굴리는 내용을 밝혔다. 지혜로 연설하는 법륜과, 모든 미혹을 끊는 법륜과, 일체 법을 비추는 법륜과, 걸림이 없는 창고[藏]를 여는 법륜 등등이다.

여 일 불 신　　이 신 통 력　　　전 여 시 등 차 별 법 륜
如一佛身이 **以神通力**으로 **轉如是等差別法輪**에

일 체 세 법　　무 능 위 유　　　여 시 진 허 공 계 일 일
一切世法으로 **無能爲喩**하야 **如是盡虛空界一一**

모 단 분 량 지 처　　유 불 가 설 불 가 설 불 찰 미 진 수
毛端分量之處에 **有不可說不可說佛刹微塵數**

세계　　　　일일세계중　　염념현불가설불가설불
世界어든 一一世界中에 念念現不可說不可說佛

찰미진수화신　　　일일화신　　개역여시　　　소
刹微塵數化身하고 一一化身도 皆亦如是하야 所

설음성문자구의　　일일충만일체법계　　　기중
說音聲文字句義가 一一充滿一切法界하야 其中

중생　　개득해료　　이불언음　　무변무단　　무
衆生이 皆得解了호대 而佛言音은 無變無斷하며 無

유궁진　　　시위제불　　제오대나라연당용건법
有窮盡이니 是爲諸佛의 第五大那羅延幢勇健法
이니라

　　"한 부처님 몸이 신통한 힘으로 이와 같이 차별한 법
륜을 굴리는 것을 일체 세간법世間法으로 비유할 수 없듯
이, 이와 같이 온 허공의 낱낱 털끝만 한 곳마다 말할
수 없이 말할 수 없는 부처님 세계의 작은 먼지 수의
세계가 있고, 낱낱 세계 가운데 잠깐 잠깐마다 말할 수
없이 말할 수 없는 부처님 세계의 작은 먼지 수의 화신
化身이 있고, 낱낱 화신에서도 다 또한 이와 같이 연설하
는 음성과 글자와 구절과 이치가 낱낱이 모두 일체 법
계에 가득하여, 그 안에 있는 중생들이 다 분명히 이해

하더라도 부처님의 말씀은 변하지 않고 끊이지 아니하여 다함이 없나니, 이것이 모든 부처님의 다섯째 큰 나라연당기처럼 용감하고 굳건한 법이니라.”

부처님이 굴리시는 온갖 법륜을 어찌 세간의 법으로 비유할 수 있겠는가. 온 허공의 털끝만 한 곳마다에 무수한 세계가 있고, 낱낱 세계마다 무수한 화신 부처님이 있어 순간순간마다 무수한 법을 설하신다. 또 법을 설하는 음성과 글자와 구절과 이치가 낱낱이 모두 일체 법계에 가득하다. 이것이 또한 모든 부처님의 큰 나라연당기처럼 용감하고 굳건한 법이다.

6) 덕상德相으로 마군을 항복받다

불자 일체제불   개이덕상   장엄흉억
佛子야 一切諸佛이 皆以德相으로 莊嚴胸臆이

유약금강   불가손괴   보리수하   결가부좌
猶若金剛의 不可損壞하야 菩提樹下에 結跏趺坐

하시니

"불자여, 일체 모든 부처님은 다 복덕의 형상으로 가슴을 장엄하심이 마치 금강과 같아서 깨뜨릴 수 없는 이가 보리수 아래에 가부좌하고 앉으셨느니라."

일체 모든 부처님의 불가사의한 법 중에 덕상德相으로 마군을 항복받는 내용을 밝혔다. 복덕의 형상으로 가슴을 장엄하신 것은 가슴 만卍 자를 의미하기도 한다. 그래서 만 자 목걸이를 걸어서 부처님의 덕상을 삼기를 권유한다. 덕이야말로 금강과 같아서 깨뜨릴 수 없다. 부처님은 덕상을 갖추고 보리수나무 밑에 가부좌하고 앉아 계시기만 해도 모든 마군들이 두렵게 하지 못한다.

마 왕 군 중   기 수 무 변   종 종 이 형   심 가 포
魔王軍衆이 其數無邊하며 種種異形이 甚可怖

외   중 생 견 자   미 불 경 섭   실 발 광 란   혹
畏하야 衆生見者가 靡不驚懾하야 悉發狂亂하고 或

시 치 사   여 시 마 중   변 만 허 공
時致死하는 如是魔衆이 徧滿虛空이라도

"마왕의 군중은 그 수가 그지없는데 가지각색의 흉악한 형상이 매우 무서워서 보는 중생마다 모두 놀라서 발광하거나 혹은 죽게 되나니, 그러한 마군들이 허공에 가득하였느니라."

마왕의 군중은 그 수가 그지없는데 가지각색의 흉악한 형상이 매우 무서워서 보는 중생마다 모두 놀라서 발광하거나 혹은 죽게 되기도 하지만 부처님은 전혀 공포가 없다.

여래 견 지　　심 무 공 포　　　용 색 불 변　　　일 모
如來見之에 心無恐怖하야 容色不變하며 一毛

불 수　　　부 동 불 란　　　무 소 분 별　　　이 제 희 로
不豎하야 不動不亂하며 無所分別하야 離諸喜怒하며

적 연 청 정　　　주 불 소 주　　　구 자 비 력　　　제 근 조
寂然淸淨하야 住佛所住하며 具慈悲力하야 諸根調

복　　　심 무 소 외　　　비 제 마 중　　　소 능 경 동　　　이
伏하며 心無所畏하야 非諸魔衆의 所能傾動이요 而

능 최 복 일 체 마 군　　　개 사 회 심　　　계 수 귀 의
能摧伏一切魔軍하야 皆使迴心하야 稽首歸依하고

"여래께서 보시고는 마음에 두려워하지 않고 얼굴색이 변하지 않으며, 털끝 하나 곤두서지 않고, 요동하지도 어지럽지도 않고 분별도 없고, 기쁘고 노함을 여의시고 고요하고 청정하게 부처님의 머무는 데 머무시며, 자비한 힘을 갖추고 모든 감관이 조복되고 두려운 마음이 조금도 없으며, 마군들 따위가 흔들 수 없고 오히려 일체 마군을 항복받아 모두들 마음을 돌이키고 머리를 조아려 귀의케 하느니라."

부처님은 마군들을 보고도 공포가 없을 뿐만 아니라 그들을 감동시켜 도리어 마음을 돌려 귀의하게 한다.

然後에 復以三輪敎化하사 令其悉發阿耨多羅
연 후 부 이 삼 륜 교 화   영 기 실 발 아 뇩 다 라

三藐三菩提意하야 永不退轉이니 是爲諸佛의 第六
삼 먁 삼 보 리 의   영 불 퇴 전   시 위 제 불   제 육

大那羅延幢勇健法이니라
대 나 라 연 당 용 건 법

"그러한 뒤에 다시 세 가지 바퀴[三輪]로 교화하여 그들로 하여금 모두 최상의 깨달음에 대한 마음을 내게 하고 영원히 물러나지 않게 하나니, 이것이 부처님의 여섯째 큰 나라연당기처럼 용감하고 굳건한 법이니라."

마군들을 세 가지 바퀴[三輪]로 교화한다는 것은 삼전법륜三轉法輪으로서 시전示轉 · 권전勸轉 · 증전證轉이다. 석존이 세 번 사제四諦의 교教를 말씀하신 것이다. 시전은 이것은 고苦, 이것은 집集, 이것은 멸滅, 이것은 도道라고 그 모양을 보인 것이다. 권전은 고苦를 알라, 집集을 끊으라, 멸滅을 증득하라, 도道를 닦으라고 권한 것이다. 증전은 석존이 스스로 고를 알아 집을 끊고, 멸을 증득하려고 도를 닦은 것을 보여 다른 이들로 하여금 증득케 하는 것이다. 이와 같이 법을 설하여 마군을 교화하는 것이 부처님의 큰 나라연당기처럼 용감하고 굳건한 법이다.

7〉 원만한 음성이 두루 하다

불자 일체제불 유무애음 기음 보변시
佛子야 **一切諸佛**이 **有無礙音**하사 **其音**이 **普徧十**

방세계 중생문자 자연조복 피제여래
方世界어든 **衆生聞者**가 **自然調伏**하나니 **彼諸如來**의

소출음성 수미로등일체제산 불능위 장
所出音聲을 **須彌盧等一切諸山**이 **不能爲障**이며

"불자여, 일체 모든 부처님은 걸림이 없는 음성이 있
어 그 소리가 시방세계에 두루 하였으므로 듣는 중생은
저절로 조복되며, 저 모든 여래가 내는 음성은 수미산
같은 일체 모든 산들도 방해하지 못하느니라."

부처님은 원만한 음성이 시방에 두루 하여 걸림이 없다.
그 소리를 듣는 중생은 저절로 조복된다. 어떤 장애도 있을
수 없다. 수미산이 어찌 장애가 되겠는가.

천궁 용궁 야차궁 건달바 아수라 가
天宮과 **龍宮**과 **夜叉宮**과 **乾闥婆**와 **阿修羅**와 **迦**

루라   긴나라   마후라가   인비인등일체제궁
樓羅와   緊那羅와   摩睺羅伽와   人非人等一切諸宮의

소불능장   일체세계고대음성   역불능장
所不能障이며 一切世界高大音聲도 亦不能障이라

수소응화   일체중생   미불개문   문자구
隨所應化하야 一切衆生이 靡不皆聞하야 文字句

의   실득해료   시위제불   제칠대나라연당
義를 悉得解了하나니 是爲諸佛의 第七大那羅延幢

용건법
勇健法이니라

"천궁과 용궁과 야차궁과 건달바와 아수라와 가루라
와 긴나라와 마후라가와 사람인 듯 아닌 듯한 이들의
일체 모든 궁전이 방해하지 못하고, 일체 세계의 높고
큰 소리도 또한 능히 방해하지 못하며, 교화를 받을 만
한 일체 중생들은 모두 듣고 그 글자와 구절과 이치를
다 알게 되나니, 이것이 모든 부처님의 일곱째 큰 나
연당기처럼 용감하고 굳건한 법이니라."

수미산 등 일체 산이 장애가 되지 않을 뿐만 아니라 천궁
과 용궁과 야차궁과 건달바와 아수라와 가루라와 긴나라

의 궁전들도 장애가 되지 않는다. 부처님의 음성을 어느 누가 방해할 수 있겠는가. 그래서 교화를 받을 만한 일체 중생은 모두 듣고 그 글자와 구절과 이치를 다 알게 된다. 이것이 또한 모든 부처님의 큰 나라연당기처럼 용감하고 굳건한 법이다.

8) 마음에 장애가 없다

불자 일체제불 심무장애 어백천억나
佛子야 一切諸佛이 心無障礙하야 於百千億那

유타불가설불가설겁 항선청정 거래현재
由他不可說不可說劫에 恒善淸淨하야 去來現在

일체제불 동일체성
一切諸佛로 同一體性이라

"불자여, 일체 모든 부처님의 마음은 걸림이 없어 백천억 나유타 말할 수 없이 말할 수 없는 겁劫 동안에 항상 청정하며, 과거 미래 현재의 일체 모든 부처님이 꼭 같은 본체의 성품이니라."

마음에 장애가 없으려면 텅 비어야 한다. 그래서 청정淸淨이란 텅 비었다는 뜻이다. 텅 비지 않고서는 장애가 없을 수 없다. 그 텅 비어 청정함이 과거 현재 미래의 모든 부처님의 동일한 체성이다.

무탁무예　　　무아무아소　　　비내비외　　요
無濁無翳하며 無我無我所하며 非內非外라 了

경공적　　불생망상　　무소의무소작　　부주
境空寂하야 不生妄想하며 無所依無所作하야 不住

제상　　영단분별　　본성청정　　사리일체반
諸相하며 永斷分別하야 本性淸淨하며 捨離一切攀

연억념　　어일체법　　상무위쟁　　주어실제
緣憶念하야 於一切法에 常無違諍하며 住於實際하야

이욕청정　　입진법계　　연설무진　　이량비
離欲淸淨하며 入眞法界하야 演說無盡하며 離量非

량소유망상　　절위무위일체언설
量所有妄想하고 絶爲無爲一切言說하며

"흐림도 없고 가림도 없고, 나도 없고 내 것도 없으며, 안도 아니고 밖도 아니고, 경계가 고요함을 알아 허

망한 생각을 내지 아니하며, 의지할 데도 없고 지을 것
도 없고, 모든 상相에 머물지도 않고 아주 분별이 끊어
져 본 성품이 청정하며, 일체 반연하는 생각을 여의었
으며, 일체 법에 항상 어기거나 다툼이 없으며, 실제에
머물러서 탐욕을 떠나 청정하며, 진여법계에 들어가 연
설함이 다함이 없으며, 요량할 수 있고 요량할 수 없는
모든 허망한 생각을 여의었고, 함이 있고 함이 없는 일
체 말이 끊어졌느니라."

　부처님이 일체 장애가 없는 것은 마음이 텅 비어 청정하
기 때문이며, 마음이 텅 비어 청정한 것은 일체 흐림도 없고
가림도 없고, 나도 없고 내 것도 없으며, 안도 아니고 밖도
아니고, 경계가 고요함을 알아 허망한 생각을 내지 않기 때
문이다. 또 요량할 수 있고 요량할 수 없는 모든 허망한 생
각을 여의었고, 함이 있고 함이 없는 등의 일체 말이 끊어졌
기 때문이다.

어불가설무변경계　실이통달　　무애무진
於不可說無邊境界에 悉已通達하야 無礙無盡

　지혜방편　　성취십력　일체공덕　장엄
하며 智慧方便으로 成就十力하야 一切功德이 莊嚴

청정　　연설종종무량제법　　개여실상　　불
淸淨하며 演說種種無量諸法호대 皆與實相으로 不

상위배　　어제법계삼세제법　실등무이
相違背하며 於諸法界三世諸法에 悉等無異하야

구경자재　　입일체법최승지장　　일체법문
究竟自在하며 入一切法最勝之藏하야 一切法門에

정념불혹　　안주시방일체불찰　　이무동전
正念不惑하며 安住十方一切佛刹하야 而無動轉하며

득부단지　　지일체법구경무여　　진제유루
得不斷智하야 知一切法究竟無餘하며 盡諸有漏하야

심선해탈　　혜선해탈　　주어실제　　통달무
心善解脫하고 慧善解脫하며 住於實際하야 通達無

애　　심상정정　　어삼세법　급이일체중생
礙하야 心常正定하며 於三世法과 及以一切衆生

심행　일념요달　　개무장애　　시위제불
心行에 一念了達하야 皆無障礙하나니 是爲諸佛의

제 팔 대 나 라 연 당 용 건 법
第八大那羅延幢勇健法이니라

"말할 수 없고 그지없는 경계를 이미 통달하여 걸림이 없고 다함이 없으며, 지혜와 방편으로 열 가지 힘을 성취하고 일체 공덕과 장엄이 청정하며, 갖가지 한량없는 모든 법을 연설하되 한 가지도 실상과 어기지 아니하며, 모든 법계의 세 세상 모든 법이 모두 평등하고 다르지 아니하여 끝까지 자유자재하며, 일체 법의 가장 훌륭한 법장에 들어가 일체 법문에 바른 생각이 미혹되지 않으며, 시방의 일체 부처님 세계에 편안히 머물러 동요하지 않고 끊어짐이 없는 지혜를 얻어 일체 법을 끝까지 알아 남음이 없으며, 모든 번뇌[有漏]를 다하여 마음이 잘 해탈하고 지혜가 잘 해탈하여 실제實際에 머물러 통달하여 걸림이 없어서 마음이 항상 바른 선정에 있어 세 세상 법과 일체 중생의 마음과 행동을 한 생각에 통달하여 하나도 장애가 없나니, 이것이 모든 부처님의 여덟째 큰 나라연당기처럼 용감하고 굳건한 법이니라."

대방광불화엄경 강설

부처님의 마음에 일체 장애가 없음을 여러 가지로 설명하였다. 막연하게 부처님은 일체에 장애가 없다는 것이 아니라 낱낱이 열거하여 밝혔다. 이와 같은 것이 모든 부처님의 큰 나라연당기처럼 용감하고 굳건한 법이다.

9〉 법신法身이 미묘하다

불자 일체제불 동일법신 경계무량신
佛子야 **一切諸佛**이 **同一法身**이며 **境界無量身**이며

공덕무변신 세간무진신 삼계불염신
功德無邊身이며 **世間無盡身**이며 **三界不染身**이며

수념시현신
隨念示現身이며

"불자여, 일체 모든 부처님은 꼭 같은 법신이니, 경계가 한량없는 몸과, 공덕이 그지없는 몸과, 세간에 다함없는 몸과, 세 세계에 물들지 않는 몸과, 생각대로 나타내는 몸이니라."

대승경전과 대승불교에서는 부처님을 일컬을 때 굳이 법

신이라 하지 않아도 법신 부처님을 부처님이라 한다. 또 법신 부처님은 모든 사람과 모든 생명에게 진여생명으로서 다 같이 해당되는 부처님이다. 그와 같은 의미에서는 일체 모든 부처님은 동일한 법신이다. 그러므로 경계가 한량없는 몸과 공덕이 그지없는 몸과 세간에 다함없는 몸과 세 세계에 물들지 않는 몸과 생각대로 나타내는 몸이다.

비실 비허 평등 청정신 무래무거 무위
非實非虛한 **平等淸淨身**이며 **無來無去**한 **無爲**

불괴신 일상무상 법자성신 무처무방
不壞身이며 **一相無相**한 **法自性身**이며 **無處無方**한

변 일 체 신
徧一切身이며

"진실도 아니고 허망함도 아니어서 평등하고 청정한 몸과, 옴도 없고 감도 없이 함이 없어 무너지지 않는 몸과, 한 모양이며 모양이 없어 법의 성품인 몸과, 처소도 없고 방향도 없어 온갖 것에 두루 한 몸이니라."

신변자재　　　무변색상신　　　종종시현　　　　보
神變自在한 **無邊色相身**이며 **種種示現**하야 **普**

입일체신　　　묘법방편신　　　지장보조신　　　시
入一切身이며 **妙法方便身**이며 **智藏普照身**이며 **示**

법평등신　　　보변법계신
法平等身이며 **普徧法界身**이며

"신통변화가 자유자재하여 그지없는 몸매를 가진 몸
과, 갖가지로 나타나서 일체에 널리 들어가는 몸과, 묘
한 법의 방편인 몸과, 지혜의 창고가 널리 비치는 몸
과, 법을 평등하게 나타내는 몸과, 법계에 두루 한 몸
이니라."

무동무분별　　　비유비무　　　상청정신　　　비
無動無分別하고 **非有非無**한 **常淸淨身**이며 **非**

방편비불방편　　　비멸비불멸　　　수소응화일
方便非不方便이며 **非滅非不滅**이로대 **隨所應化一**

체중생　　　종종신해　　　이시현신
切衆生의 **種種信解**하야 **而示現身**이며

"동함도 없고 분별도 없고 있지도 않고 없지도 않아

항상 청정한 몸과, 방편도 아니고 방편 아님도 아니며 열반도 아니고 열반 아님도 아니어서 교화할 바 일체 중생의 믿고 이해함을 따라 나타내는 몸이니라.”

종일체공덕보소생신　　구일체제불법진여
從一切功德寶所生身이며 具一切諸佛法眞如

신　　본성적정무장애신　　성취일체무애법
身이며 本性寂靜無障礙身이며 成就一切無礙法

신
身이며

“일체 공덕 보배로 생긴 몸과, 일체 모든 부처님의 법을 갖춘 진여의 몸과, 본래의 성품이 고요하여 장애가 없는 몸과, 일체 걸림이 없는 법을 성취한 몸이니라.”

변주일체청정법계신　　분형보변일체세간
徧住一切淸淨法界身이며 分形普徧一切世間

신　　무반연무퇴전영해탈　　구일체지보요
身이며 無攀緣無退轉永解脫하야 具一切智普了

^{달 신} ^{시 위 제 불} ^{제 구 대 나 라 연 당 용 건 법}
達身이며 是爲諸佛의 第九大那羅延幢勇健法이니라

"온갖 청정한 법계에 널리 머무는 몸과, 형상을 나타내어 일체 세간에 두루 하는 몸과, 반연함도 없고 물러남도 없고 아주 해탈하여 일체 지혜를 갖추어 두루 통달하는 몸이니, 이것이 모든 부처님의 아홉째 큰 나라연당기처럼 용감하고 굳건한 법이니라."

또 일체 생명으로서의 법신 부처님은 진실도 아니고 허망함도 아니어서 평등하고 청정한 몸과, 옴도 없고 감도 없이 함이 없어 무너지지 않는 몸과, 한 모양이며 모양이 없어 법의 성품인 몸 등이다. 일체 생명이 법신의 입장에서는 이와 같이 모두가 큰 나라연당기처럼 용감하고 굳건한 법이 된다.

10〉 수행과 지혜가 구족하다

^{불 자} ^{일 체 제 불} ^{등 오 일 체 제 여 래 법} ^등
佛子야 一切諸佛이 等悟一切諸如來法하며 等

^{수 일 체 제 보 살 행} ^{약 원 약 지} ^{청 정 평 등} ^유
修一切諸菩薩行하며 若願若智가 淸淨平等이 猶

여 대 해　　실 득 만 족　　행 력 존 승　　미 증 퇴 겁
如大海하야 **悉得滿足**하며 **行力尊勝**하야 **未曾退怯**
하며

"불자여, 일체 모든 부처님이 일체 모든 여래의 법을
평등하게 깨닫고, 일체 모든 보살의 행을 평등하게 닦
으며, 서원과 지혜가 청정하고 평등함이 마치 큰 바다
가 모두 가득한 듯하며, 수행의 힘이 높고 수승하여 잠
깐도 물러나거나 겁약하지 않으니라."

일체 모든 부처님이 모든 여래의 법을 깨닫고 나서 다시
모든 보살행을 닦는다는 것은 무슨 뜻인가. 불법의 최종 목
적은 보살행을 실천하는 것이라는 뜻이다. 그러므로 처음도
끝도 불교는 보살행을 실천하자고 하는 가르침이다. 만약
보살행이 없다면 여래선如來禪과 조사선祖師禪을 다 깨닫고 다
시 향상일로向上一路의 길에 오른다 하더라도 그것은 공리공
론空理空論에 머물고 마는 것이다. 불교는 서원과 지혜가 청정
하고 평등하여 마치 큰 바다가 가득하듯이 보살의 수행이
높고 수승하여 잠깐도 물러나거나 멈추지 않아야 한다.

주제삼매무량경계   시일체도   권선계
住諸三昧無量境界하야 **示一切道**하야 **勸善誡**

악   지력제일   연법무외   수유소문   실
惡하며 **智力第一**로 **演法無畏**하며 **隨有所問**하야 **悉**

능선답   지혜설법   평등청정   신어의행
能善答하며 **智慧說法**이 **平等淸淨**하며 **身語意行**이

실개무잡
悉皆無雜하며

"모든 삼매의 한량없는 경계에 머물고 일체 도리를
보여 착한 일을 권장하고 악한 짓을 경계하며, 지혜의
힘이 제일이어서 법을 연설함이 두렵지 않고, 묻는 대
로 따라서 잘 대답하며, 지혜로 법을 설함이 평등하고
청정하여 몸과 말과 뜻으로 하는 행行이 조금도 잡란雜亂
함이 없느니라."

수행과 지혜가 구족하였을 때 그 능력과 행이 어떠한가
를 밝힌 내용이다. 법을 설함에 묻는 대로 따라서 잘 대답하
며, 지혜로 법을 설함이 평등하고 청정하여 몸과 말과 뜻으
로 하는 행이 조금도 잡란함이 없다. 보살이 몸과 말과 뜻이

잡란하다면 그는 아직 부족한 보살이리라.

주불소주제불종성　　이불지혜　　이작불사
住佛所住諸佛種性하야 以佛智慧로 而作佛事

주일체지　　연무량법　　무유근본　　무유
하며 住一切智하야 演無量法이 無有根本하고 無有

변제　　신통지혜　　불가사의　　일체세간　무
邊際하며 神通智慧가 不可思議하야 一切世間이 無

능해료　　지혜심입　　견일체법　미묘광대
能解了하며 智慧深入하야 見一切法이 微妙廣大하야

무량무변　　삼세법문　　함선통달　　일체세
無量無邊하며 三世法門을 咸善通達하며 一切世

계　실능개효　　이출세지　　어제세간　작불
界를 悉能開曉하며 以出世智로 於諸世間에 作不

가설종종불사　　성불퇴지　　입제불수
可說種種佛事하며 成不退智하야 入諸佛數하며

"부처님이 머무시는 부처님의 종성種性에 머물러서
부처님의 지혜로 불사를 지으며, 일체 지혜에 머물러서
한량없는 법을 연설하되 근본도 없고 가장자리도 없으

며, 신통과 지혜를 헤아릴 수 없어 일체 세간이 능히 알지 못하며, 지혜에 깊이 들어가서 일체 법을 보되 미묘하고 광대하여 한량없고 그지없으며, 세 세상의 법문을 다 잘 통달하여 일체 세계를 다 능히 깨우치며, 출세간의 지혜로 모든 세간에서 말할 수 없는 여러 가지 불사를 짓되 물러나지 않는 지혜를 이루어 모든 부처님의 수효에 들어가느니라."

보살의 수행과 지혜가 구족하였을 바람직한 모습에는 부처님이 머무시는 부처님의 종성에 머물러서 부처님의 지혜로 불사를 짓는 일이다. 흔히 불사를 짓는다는 명분으로 하는 일이 부처님의 지혜에 의하여 하는 것이 아니라 어리석은 중생의 욕심의 표현들이 많다.

수 이 증 득 불 가 언 설 이 문 자 법　　이 능 개 시 종
雖已證得不可言說離文字法이나 而能開示種

종 언 사　　이 보 현 지　　집 제 선 행　　성 취 일 념
種言辭하야 以普賢智로 集諸善行하며 成就一念

상응묘혜　　어일체법　　실능각료　　여선소
相應妙慧하야 **於一切法**에 **悉能覺了**하며 **如先所**

념일체중생　　개의자승　　이시기법
念一切衆生에 **皆依自乘**하야 **而施其法**하며

"비록 말할 수 없고 글자를 떠난 법을 이미 증득하였지마는 가지가지 말을 열어 보이며, 보현보살의 지혜로 모든 착한 행行을 모아서 한 생각에 서로 응하는 미묘한 지혜를 성취하여 일체 법을 다 능히 깨닫고, 늘 마음 속에 생각하는 일체 중생이 모두 그들의 법에 의지하도록 그 법을 베푸느니라."

참다운 이치는 말을 떠났다고 하였다. 말을 떠나고 문자를 떠난 법을 드러내는 것이 불교이지만 말이 가장 많고 문자가 가장 많은 것이 또한 불교이다. 그러므로 말과 글자에 구애되거나 집착하지 않으면서 마음껏 말을 떠나고 문자를 떠난 진리를 드날린다. 이 또한 수행과 지혜를 구족한 보살의 모습이다.

일체제법　　일체세계　　일체중생　　일체삼
一切諸法과　一切世界와　一切衆生과　一切三

세　어법계내　여시경계　기량무변　이무애
世의　於法界內에　如是境界가　其量無邊을　以無礙

지　실능지견
智로　悉能知見이니라

"일체 모든 법과 일체 세계와 일체 중생과 일체 세
세상의 법계 안에 이와 같은 경계가 그 양이 그지없지
마는 걸림 없는 지혜로 모두 다 알고 보느니라."

일체 모든 법과 일체 세계와 일체 중생과 일체 과거 현재
미래의 법계 안에서 말을 하되 말을 떠난 참다운 이치를 한
량없고 걸림이 없는 지혜로 다 알고 다 본다.

불자　일체제불　어일념경　수소응화
佛子야　一切諸佛이　於一念頃에　隨所應化하사

출흥어세　주청정토　성등정각　현신통
出興於世하며　住淸淨土하사　成等正覺하며　現神通

력　　개 오 삼 세 일 체 중 생　심 의 급 식　　불 실
力하사 開悟三世一切衆生의 心意及識호대 不失

어 시
於時니라

　"불자여, 일체 모든 부처님이 잠깐 동안에 교화를 받을 중생을 따라 세상에 나타나서 청정한 국토에 머물러 평등하고 바른 깨달음을 이루고 신통한 힘으로 세 세상 일체 중생들의 마음과 뜻과 의식을 깨우치되 때를 놓치지 않느니라."

　부처님이 정각을 이루어 일체 중생의 마음을 깨우치되 때를 놓치지 않고 교화하고 조복한다. 모든 일에는 시절인연이라는 것이 있다. 춘하추동이라는 자연의 이치도 모두 때가 있고 시절이 있듯이 중생들을 가르쳐서 교화하는 일도 모두 때가 있다. 세상사 인생사 역시 때가 있고 시절이 있다. 현명한 사람은 어떤 일을 함에 있어서 그 때를 놓치지 않는다.

불자 중생 무변 세계 무변 법계

佛子야 **衆生**이 **無邊**하며 **世界**가 **無邊**하며 **法界**가

무변 삼세 무변 제불최승 역무유변

無邊하며 **三世**가 **無邊**이어든 **諸佛最勝**도 **亦無有邊**하야

실현어중 성등정각 이불지혜 방편개

悉現於中하야 **成等正覺**하사 **以佛智慧**로 **方便開**

오 무유휴식

悟호대 **無有休息**이니라

"불자여, 중생이 그지없고, 세계가 그지없고, 법계가
그지없고, 세 세상이 그지없고, 모든 부처님의 가장 수
승함도 또한 그지없는데 모두 그 가운데 나타나 평등하
고 바른 깨달음을 이루고, 부처님의 지혜로써 방편으로
깨우침이 쉴 사이가 없느니라."

무엇인들 끝이 있고 한량이 있고 다함이 있겠는가. 중생
이 그지없고, 세계가 그지없고, 법계가 그지없고, 과거 현재
미래가 그지없고, 모든 부처님의 가장 수승함도 또한 그지
없다. 부처님은 그 가운데서 등정각을 이루고 깨달음의 지
혜로 중생들을 깨닫게 하는 데 쉴 사이가 없다.

불자   일체제불   이신통력   현최묘신
佛子야 一切諸佛이 以神通力으로 現最妙身하야

주무변처   대비방편   심무장애   어일체
住無邊處하며 大悲方便으로 心無障礙하사 於一切

시   상위중생   연설묘법   시위제불   제
時에 常爲衆生하야 演說妙法하나니 是爲諸佛의 第

십 대 나 라 연 당 용 건 법
十大那羅延幢勇健法이니라

"불자여, 일체 모든 부처님이 신통한 힘으로 가장 미
묘한 몸을 나타내고, 끝없는 곳에 머무르고, 크게 가엾
이 여기는 방편으로 마음이 걸림이 없어서 일체 시간에
항상 중생들을 위하여 미묘한 법을 연설하나니, 이것이
모든 부처님의 열째 큰 나라연당기처럼 용감하고 굳건
한 법이니라."

일체 모든 부처님은 신통한 힘으로 가장 미묘한 법신을
나타내어 그지없는 곳에 머무른다. 또 크게 가엾이 여기는
방편으로 마음에 아무런 장애가 없다. 그러므로 모든 시간
에 언제나 중생들을 위하여 미묘한 법을 연설하여 중생들을
교화한다. 이것이 모든 부처님의 큰 나라연당기처럼 용감하

고 굳건한 법이다.

불자 차일체제불 대나라연당용건법 무
佛子야 此一切諸佛의 大那羅延幢勇健法이 無

량무변 불가사의 거래현재일체중생 급
量無邊하야 不可思議라 去來現在一切衆生과 及

이이승 불능해료 유제여래신력소 가
以二乘은 不能解了요 唯除如來神力所加니라

"불자여, 이 일체 모든 부처님의 큰 나라연당기처럼
용감하고 굳건한 법은 한량없고 그지없고 헤아릴 수 없
어서 과거 미래 현재의 일체 중생이나 이승二乘들이 능
히 알지 못하거니와 오직 여래의 신통한 힘으로 가피하
심은 제외될 것이니라."

이와 같이 모든 부처님의 큰 나라연당기처럼 용감하고
굳건한 법은 무량무변하다. 불가사의하다. 이 불가사의한
법을 부처님의 가피를 받은 사람을 제외하고는 일체 중생과
성문과 연각은 알지 못한다. 여기까지 부처님의 열 가지 용
감하고 굳건한 법을 설하여 마쳤다.

9) 무애無礙를 답하다

(1) 열 가지 결정한 법

불자 　제불세존　유십종결정법　　하등
佛子야 **諸佛世尊**이 **有十種決定法**하시니 **何等**이

위십　소위일체제불　정종도솔　수진하생
爲十고 **所謂一切諸佛**이 **定從兜率**로 **壽盡下生**하며

"불자여, 모든 부처님 세존께는 열 가지 결정한 법이
있나니, 무엇이 열인가. 이른바 일체 모든 부처님이
도솔천에서 수명이 다하면 결정코 내려와서 태어나느
니라."

일체제불　정시수생　　처태시월
一切諸佛이 **定示受生**하야 **處胎十月**하며

"일체 모든 부처님이 결정코 태어나실 적에 열 달 동
안 태胎에 머무느니라."

일 체 제 불　정 염 세 속　　낙 구 출 가
一切諸佛이 定厭世俗하야 樂求出家하며

"일체 모든 부처님이 결정코 세속을 싫어하고 출가
出家하느니라."

일 체 제 불　결 정 좌 어 보 리 수 하　　성 등 정 각
一切諸佛이 決定坐於菩提樹下하사 成等正覺

오 제 불 법
하야 悟諸佛法하며

"일체 모든 부처님이 결정코 보리수 아래에 앉아서
평등한 바른 깨달음을 이루어 모든 불법을 깨닫느니라."

일 체 제 불　정 어 일 념　오 일 체 법　　일 체 세
一切諸佛이 定於一念에 悟一切法하야 一切世

계　　시 현 신 력
界에 示現神力하며

"일체 모든 부처님이 결정코 한 생각에 일체 법을 깨
닫고 일체 세계에서 신통한 힘을 나타내 보이느니라."

일 체 제 불　　정 능 응 시　　　전 묘 법 륜
一切諸佛이 定能應時하야 轉妙法輪하며

"일체 모든 부처님이 결정코 때를 따라 미묘한 법륜
法輪을 굴리느니라."

일 체 제 불　　정 능 수 피 소 종 선 근　　　응 시 설 법
一切諸佛이 定能隨彼所種善根하사 應時說法

　이 위 수 기
하야 而爲授記하며

"일체 모든 부처님이 결정코 저들이 심은 착한 뿌리를
따라서 때에 맞추어 법을 설하고 기별記莂을 주느니라."

일 체 제 불　　정 능 응 시　　　위 작 불 사
一切諸佛이 定能應時하야 爲作佛事하며

"일체 모든 부처님이 결정코 때를 따라 불사佛事를 짓
느니라."

일체제불　정능위제성취보살　　이수기별
一切諸佛이 定能爲諸成就菩薩하야 而授記前

하며

"일체 모든 부처님이 결정코 보살을 모두 성취하기
위하여 기별을 주느니라."

일체제불　정능일념　보답일체중생소문
一切諸佛이 定能一念에 普答一切衆生所問이

시위십
是爲十이니라

"일체 모든 부처님이 결정코 잠깐 동안에 일체 중생
의 묻는 일을 널리 대답하나니, 이것이 열이니라."

부처님의 불가사의한 법 가운데 열 가지 결정한 법을 들
었다. 결정한 법이란 일체 모든 부처님이 다 같이 겪는 일이
며, 걸어 온 길이며, 이룬 일이다. 이것은 결정한 법이라 변동이
있을 수 없다는 뜻이다. 도솔천에서 하생하시고, 태중에서 열
달을 머무시고, 출가하시고, 정각을 이루시는 등의 일이다.

(2) 열 가지 빠른 법

佛^불子^자야 諸^제佛^불世^세尊^존이 有^유十^십種^종速^속疾^질法^법하시니 何^하等^등이

為^위十^십고 所^소謂^위一^일切^체諸^제佛^불을 若^약有^유見^견者^자면 速^속得^득遠^원離^리一^일

切^체惡^악趣^취하며

"불자여, 모든 부처님 세존께는 열 가지 빠른 법이
있으니, 무엇이 열인가. 이른바 일체 모든 부처님을 만
약 친견하는 이는 빨리 온갖 나쁜 길을 멀리 여의게 되
느니라."

一^일切^체諸^제佛^불을 若^약有^유見^견者^자면 速^속得^득圓^원滿^만殊^수勝^승功^공德^덕하며

"일체 모든 부처님을 만약 친견하는 이는 빨리 훌륭
한 공덕이 원만하게 되느니라."

일체제불　약유견자　속능성취광대선근
一切諸佛을 若有見者면 速能成就廣大善根하며

"일체 모든 부처님을 만약 친견하는 이는 빨리 넓고
큰 착한 뿌리를 성취하느니라."

일체제불　약유견자　속득왕생정묘천상
一切諸佛을 若有見者면 速得往生淨妙天上하며

"일체 모든 부처님을 만약 친견하는 이는 빨리 청정
하고 미묘한 천상에 가서 나느니라."

일체제불　약유견자　속능제단일체의혹
一切諸佛을 若有見者면 速能除斷一切疑惑하며

"일체 모든 부처님을 만약 친견하는 이는 빨리 모든
의혹을 끊느니라."

일체제불　약이발보리심　이득견자　속
一切諸佛을 若已發菩提心하야 而得見者면 速

득 성 취 광 대 신 해　　영 불 퇴 전　　능 수 소 응
得成就廣大信解하야 **永不退轉**하고 **能隨所應**하야

교 화 중 생　　약 미 발 심　　즉 능 속 발 아 뇩 다
教化衆生이어니와 **若未發心**이면 **卽能速發阿耨多**

라 삼 먁 삼 보 리 심
羅三藐三菩提心하며

"일체 모든 부처님을 만약 이미 보리심을 발한 이가
친견하면 빨리 광대한 신심과 지혜를 성취하고 영원히
물러나지 아니하며 능히 마땅하게 중생을 교화하고, 만
약 보리심을 발하지 못한 이는 곧 빨리 아뇩다라삼먁삼
보리심을 발하느니라."

일 체 제 불　　약 미 입 정 위　　이 득 견 자　　속 입
一切諸佛을 **若未入正位**하고 **而得見者**면 **速入**

정 위
正位하며

"일체 모든 부처님을 만약 바른 지위[正位]에 들어가
지 못한 이가 친견하면 빨리 바른 지위에 들어가느니라."

　　　　일체제불　　약유견자　　속능청정세출세간
　　　一切諸佛을 若有見者면 速能清淨世出世間

일체제근
一切諸根하며

　　"일체 모든 부처님을 만약 친견하는 이는 빨리 세간
과 출세간의 일체 근기를 청정하게 하느니라."

　　　　일체제불　　약유견자　　속득제멸일체장애
　　　一切諸佛을 若有見者면 速得除滅一切障礙하며

　　"일체 모든 부처님을 만약 친견하는 이는 빨리 일체
장애를 소멸하느니라."

　　　　일체제불　　약유견자　　속능획득무외변재
　　　一切諸佛을 若有見者면 速能獲得無畏辯才가

시위십
是爲十이니라

　　"일체 모든 부처님을 만약 친견하는 이는 빨리 두려
움 없는 변재를 얻나니, 이것이 열이니라."

부처님을 친견하면 얻게 되는 열 가지 공덕을 열거하였다. 부처님은 어떤 존재이며 어떻게 보는 것이 참으로 친견하는 것이 되는가. 금강경에 "만약 형색으로써 나를 보거나 음성으로써 나를 구하면 이 사람은 삿된 길을 가는 것이다. 능히 여래를 볼 수 없을 것이다."[4]라고 하였다. 그러나 화엄경의 견해에서는 일체 사람과 일체 생명은 물론이고 삼라만상과 천지만물을 낱낱이 다 부처님으로 보아야 진실로 부처님을 친견한 것이 된다.

(3) 마땅히 항상 생각해야 할 열 가지 청정한 법

불자   제불세존   유십종응상억념청정법
佛子야 諸佛世尊이 有十種應常憶念淸淨法

하등   위십   소위일체제불   과거인연
하시니 何等이 爲十고 所謂一切諸佛의 過去因緣을

일체보살   응상억념
一切菩薩이 應常憶念하며

---

4) 若以色見我 以音聲求我 是人行邪道 不能見如來.

"불자여, 모든 부처님 세존께는 마땅히 항상 생각해야 할 열 가지 청정한 법이 있나니, 무엇이 열인가. 이른바 일체 모든 부처님의 지나간 인연을 일체 보살이 항상 생각해야 하느니라."

일체제불　청정승행　일체보살　응상억념
一切諸佛의 淸淨勝行을 一切菩薩이 應常憶念
하며

"일체 모든 부처님의 청정하고 훌륭한 행行을 일체 보살이 항상 생각해야 하느니라."

일체제불　만족제도　일체보살　응상억념
一切諸佛의 滿足諸度를 一切菩薩이 應常憶念
하며

"일체 모든 부처님의 만족한 모든 바라밀다를 일체 보살이 항상 생각해야 하느니라."

일체제불   성취대원   일체보살   응상억념
一切諸佛의 成就大願을 一切菩薩이 應常憶念
하며

　　"일체 모든 부처님이 성취한 큰 서원을 일체 보살이
항상 생각해야 하느니라."

일체제불   적집선근   일체보살   응상억념
一切諸佛의 積集善根을 一切菩薩이 應常憶念
하며

　　"일체 모든 부처님이 쌓은 착한 뿌리를 일체 보살이
항상 생각해야 하느니라."

일체제불   이구범행   일체보살   응상억념
一切諸佛의 已具梵行을 一切菩薩이 應常憶念
하며

　　"일체 모든 부처님의 이미 구족한 범행梵行을 일체 보
살이 항상 생각해야 하느니라."

일체제불　현성정각　일체보살　응상억념
一切諸佛의 現成正覺을 一切菩薩이 應常憶念
하며

"일체 모든 부처님의 바른 깨달음 이룬 것을 일체 보살이 항상 생각해야 하느니라."

일체제불　색신무량　일체보살　응상억념
一切諸佛의 色身無量을 一切菩薩이 應常憶念
하며

"일체 모든 부처님의 육신이 한량없음을 일체 보살이 항상 생각해야 하느니라."

일체제불　신통무량　일체보살　응상억념
一切諸佛의 神通無量을 一切菩薩이 應常憶念
하며

"일체 모든 부처님의 한량없는 신통을 일체 보살이 항상 생각해야 하느니라."

일 체 제 불　　　십 력 무 외　　　일 체 보 살　　　응 상 억 념
一切諸佛의 十力無畏를 一切菩薩이 應常憶念

시 위 십
이 是爲十이니라

　"일체 모든 부처님의 열 가지 힘과 두려움 없음을 일
체 보살이 항상 생각해야 하나니, 이것이 열이니라."

　일체 모든 부처님의 과거의 인연과 청정하고 수승한 행과
모든 바라밀과 큰 서원과 선근과 범행과 정각과 한량없는
육신과 신통과 열 가지 힘과 두려움 없음 등을 일체 보살은
응당 항상 기억하고 생각해야 함을 밝혔다. 보살은 모든 부
처님의 모든 것을 다 기억하여 잊지 않아야 한다.

10) 해탈解脫을 답하다

(1) 열 가지 일체 지혜에 머무르다

불 자　　제 불 세 존　　　유 십 종 일 체 지 주　　　　하
佛子야 諸佛世尊이 有十種一切智住하시니 何

등   위십   소위일체제불   어일념중   실지삼
等이 爲十고 所謂一切諸佛이 於一念中에 悉知三

세일체중생   심심소행
世一切衆生의 心心所行하며

"불자여, 모든 부처님 세존께는 열 가지 일체 지혜에
머무름이 있나니, 무엇이 열인가. 이른바 일체 모든 부
처님이 한 생각에 세 세상 일체 중생의 마음과 마음으
로 행하는 것을 다 아느니라."

지혜란 어떤 한 가지 사실을 철저히 꿰뚫어 아는 일이다.
모든 부처님은 한 생각에 과거 현재 미래의 일체 중생들의
마음과 마음으로 행하는 것을 남김없이 다 철저히 꿰뚫어
안다.

일체제불   어일념중   실지삼세일체중생
一切諸佛이 於一念中에 悉知三世一切衆生의

소집제업   급업과보
所集諸業과 及業果報하며

"일체 모든 부처님이 한 생각에 세 세상 일체 중생의 모은 바 모든 업業과 업의 과보를 다 아느니라."

또 모든 부처님은 한 생각에 중생들의 마음과 마음의 움직임을 다 알므로 모든 업과 업의 과보를 다 안다.

일체제불　　어일념중　　실지일체중생　　소의
一切諸佛이 於一念中에 悉知一切衆生의 所宜

　　이삼종륜　　교화조복
하사 以三種輪으로 敎化調伏하며

"일체 모든 부처님이 한 생각에 일체 중생의 마땅한 바를 다 알아 세 가지 바퀴[三種輪]로 교화하여 조복하느니라."

또 부처님은 한 생각에 중생들의 근기를 따라 그 마땅한 바대로 세 가지 바퀴[三種輪]로 교화하여 조복한다. 세 가지 바퀴란 삼전법륜三轉法輪으로서 법을 설하는 데 시전示轉·권전勸轉·증전證轉이다.

일체제불　　어일념중　　진지법계일체중생
一切諸佛이 於一念中에 盡知法界一切衆生의

소유심상　　　어일체처　　보현불흥　　　영기득
所有心相하사 於一切處에 普現佛興하사 令其得

견　　　방편섭수
見하야 方便攝受하며

"일체 모든 부처님이 한 생각에 온 법계 일체 중생
의 마음씨[心相]를 다 알고 온갖 곳에서 태어남을 나타내
어 그들이 보게 하여 방편으로 거두어 주느니라."

　모든 부처님은 한 생각에 일체 중생들의 마음씨를 다 알
아 알맞은 모습으로 나타나서 알맞은 방편으로 거두어 교
화한다.

일체제불　　어일념중　　보수법계일체중생
一切諸佛이 於一念中에 普隨法界一切衆生의

심락욕해　　　시현설법　　영기조복
心樂欲解하사 示現說法하야 令其調伏하며

"일체 모든 부처님이 한 생각에 온 법계 일체 중생의 마음으로 좋아함과 이해를 따라서 법을 말하여 조복하느니라."

일체제불　어일념중　실지법계일체중생
一切諸佛이 於一念中에 悉知法界一切衆生

심지소락　위현신력
心之所樂하사 爲現神力하며

"일체 모든 부처님이 한 생각에 온 법계 일체 중생의 마음으로 좋아함을 따라서 신통한 힘을 나타내느니라."

일체제불　어일념중　변일체처　수소응
一切諸佛이 於一念中에 徧一切處하사 隨所應

화일체중생　시현출흥　위설불신　불가
化一切衆生하야 示現出興하사 爲說佛身의 不可

취착
取着하며

"일체 모든 부처님이 한 생각에 온갖 곳에 두루 하

여 교화할 일체 중생을 따라서 일부러 나타나서 부처님의 몸은 집착할 수 없음을 설하느니라."

모든 부처님은 한 생각에 일체 중생들에게 알맞은 모습으로 맞추어서 나타난 것이다. 결코 고정된 부처님의 모습이라고 집착할 일이 아니다.

일 체 제 불   어 일 념 중   보 지 법 계 일 체 처 일
一切諸佛이 於一念中에 普至法界一切處一

체 중 생   피 피 제 도
切衆生의 彼彼諸道하며

"일체 모든 부처님이 한 생각에 법계의 모든 곳에 있는 일체 중생들의 각각 태어난 모든 길에 두루 이르느니라."

부처님의 몸은 모든 시간에 온 우주법계에 충만해 있다. 그래서 일체 중생들의 각각 태어난 모든 길에 두루 이른다.

일체제불　어일념중　수제중생　유억념자
一切諸佛이 於一念中에 隨諸衆生의 有憶念者

재재처처　무불왕응
하사 在在處處에 無不往應하며

"일체 모든 부처님이 한 생각에 중생들의 생각하는 것을 따라서 있는 곳마다 가서 다 응하느니라."

일체제불　어일념중　실지일체중생해욕
一切諸佛이 於一念中에 悉知一切衆生解欲하사

위기시현무량색상　시위십
爲其示現無量色相이 是爲十이니라

"일체 모든 부처님이 한 생각에 일체 중생의 이해와 욕망을 다 알고 그들에게 한량없는 몸매를 나타내 보이나니, 이것이 열이니라."

모든 부처님은 한 생각에 중생들의 생각하는 것을 따라서 있는 곳마다 다 가서 응하고 또 일체 중생의 이해와 욕망을 다 알고 그들에게 한량없는 몸매를 나타내 보여 교화하고 조복한다.

　　(2) 열 가지 한량없고 불가사의한 부처님 삼매

　　<ruby>佛<rt>불</rt></ruby><ruby>子<rt>자</rt></ruby>야 <ruby>諸<rt>제</rt></ruby><ruby>佛<rt>불</rt></ruby><ruby>世<rt>세</rt></ruby><ruby>尊<rt>존</rt></ruby>이 <ruby>有<rt>유</rt></ruby><ruby>十<rt>십</rt></ruby><ruby>種<rt>종</rt></ruby><ruby>無<rt>무</rt></ruby><ruby>量<rt>량</rt></ruby><ruby>不<rt>불</rt></ruby><ruby>可<rt>가</rt></ruby><ruby>思<rt>사</rt></ruby><ruby>議<rt>의</rt></ruby><ruby>佛<rt>불</rt></ruby>

　　<ruby>三<rt>삼</rt></ruby><ruby>昧<rt>매</rt></ruby>하시니 <ruby>何<rt>하</rt></ruby><ruby>等<rt>등</rt></ruby>이 <ruby>爲<rt>위</rt></ruby><ruby>十<rt>십</rt></ruby>고 <ruby>所<rt>소</rt></ruby><ruby>謂<rt>위</rt></ruby><ruby>一<rt>일</rt></ruby><ruby>切<rt>체</rt></ruby><ruby>諸<rt>제</rt></ruby><ruby>佛<rt>불</rt></ruby>이 <ruby>恒<rt>항</rt></ruby><ruby>在<rt>재</rt></ruby><ruby>正<rt>정</rt></ruby>

　　<ruby>定<rt>정</rt></ruby>하사 <ruby>於<rt>어</rt></ruby><ruby>一<rt>일</rt></ruby><ruby>念<rt>념</rt></ruby><ruby>中<rt>중</rt></ruby>에 <ruby>徧<rt>변</rt></ruby><ruby>一<rt>일</rt></ruby><ruby>切<rt>체</rt></ruby><ruby>處<rt>처</rt></ruby>하사 <ruby>普<rt>보</rt></ruby><ruby>爲<rt>위</rt></ruby><ruby>衆<rt>중</rt></ruby><ruby>生<rt>생</rt></ruby>하야 <ruby>廣<rt>광</rt></ruby>

　　<ruby>說<rt>설</rt></ruby><ruby>妙<rt>묘</rt></ruby><ruby>法<rt>법</rt></ruby>하며

　　"불자여, 모든 부처님 세존께는 열 가지 한량없고 헤아릴 수 없는 부처님 삼매가 있으니, 무엇이 열인가. 이른바 일체 모든 부처님이 항상 바른 선정에 있으면서 한 생각 동안에 온갖 곳에 두루 하여 중생들에게 묘한 법을 널리 말하느니라."

　　열 가지 한량없고 불가사의한 부처님의 삼매를 밝혔다. 모든 부처님은 항상 바른 선정에 계신다. 언제나 선정에 있으면서 한 생각 동안에 온갖 곳에 두루 하여 중생들에게 미묘한 법을 널리 설하여 교화하고 조복한다. 이와 같이 부처님은 선정에서 떠난 적이 없다.

　　　일체제불　항재정정　　어일념중　변일체
　　　一切諸佛이 恒在正定하사 於一念中에 徧一切
처　　　보위중생　　설무아제
處하사 普爲衆生하야 說無我際하며

　　"일체 모든 부처님이 항상 바른 선정에 있으면서 한 생각 동안에 온갖 곳에 두루 하여 널리 중생을 위하여 무아無我의 경계를 말하느니라."

　　　일체제불　항주정정　　어일념중　변일체
　　　一切諸佛이 恒住正定하사 於一念中에 徧一切
처　　　보입삼세
處하사 普入三世하며

　　"일체 모든 부처님이 항상 바른 선정에 머물면서 한

생각 동안에 온갖 곳에 두루 하여 세 세상에 두루 들어 가느니라."

일체제불 항재정정   어일념중   변일체
一切諸佛이 恒在正定하사 於一念中에 徧一切

처   보입시방광대불찰
處하사 普入十方廣大佛刹하며

"일체 모든 부처님이 항상 바른 선정에 있으면서 한 생각 동안에 온갖 곳에 두루 하여 시방의 넓고 큰 부처님 세계에 널리 들어가느니라."

일체제불 항재정정   어일념중   변일체
一切諸佛이 恒在正定하사 於一念中에 徧一切

처   보현무량종종불신
處하사 普現無量種種佛身하며

"일체 모든 부처님이 항상 바른 선정에 있으면서 한 생각 동안에 온갖 곳에 두루 하여 한량없는 가지가지 부처님의 몸을 널리 나타내느니라."

일체제불　　항재정정　　어일념중　변일체
一切諸佛이 恒在正定하사 於一念中에 徧一切

처　　수제중생　　종종심해　　현신어의
處하사 隨諸衆生의 種種心解하야 現身語意하며

"일체 모든 부처님이 항상 바른 선정에 있으면서 한
생각 동안에 온갖 곳에 두루 하여 모든 중생의 가지가
지 마음의 이해함을 따라 몸과 말과 뜻을 나타내느니라."

일체제불　　항재정정　　　어일념중　변일체
一切諸佛이 恒在正定하사 於一念中에 徧一切

처　　설일체법　　이욕진제
處하사 說一切法의 離欲眞際하며

"일체 모든 부처님이 항상 바른 선정에 있으면서 한
생각 동안에 온갖 곳에 두루 하여 일체 법의 욕심을 여
읜 참된 자리를 설하느니라."

일체제불　　항주정정　　어일념중　변일체
一切諸佛이 恒住正定하사 於一念中에 徧一切

처   연 설 일 체 연 기 자 성
處하사 演說一切緣起自性하며

"일체 모든 부처님이 항상 바른 선정에 머물면서 한 생각 동안에 온갖 곳에 두루 하여 모든 인연의 자체 성품을 연설하느니라."

일 체 제 불   항 주 정 정   어 일 념 중   변 일 체
一切諸佛이 恒住正定하사 於一念中에 徧一切

처   시 현 무 량 세 출 세 간 광 대 장 엄   영 제 중
處하사 示現無量世出世間廣大莊嚴하야 令諸衆

생   상 득 견 불
生으로 常得見佛하며

"일체 모든 부처님이 항상 바른 선정에 머물면서 한 생각 동안에 온갖 곳에 두루 하여 한량없는 세간과 출세간의 광대한 장엄을 나타내어 모든 중생들로 하여금 항상 부처님을 친견하게 하느니라."

일체제불　　항주정정　　　어일념중　변일체
一切諸佛이 恒住正定하사 於一念中에 徧一切

처　　　영제중생　　　실득통달일체불법　무량
處하사 令諸衆生으로 悉得通達一切佛法의 無量

해탈　　　구경도어무상피안　　시위십
解脫하야 究竟到於無上彼岸이 是爲十이니라

"일체 모든 부처님이 항상 바른 선정에 머물면서 한 생각 동안에 온갖 곳에 두루 하여 모든 중생들로 하여금 일체 불법의 한량없는 해탈을 통달하여 구경에 위없는 저 언덕에 이르게 하나니, 이것이 열이니라."

부처님은 항상 바른 선정에 있으면서 무아를 말하고, 과거 현재 미래에 두루 들어가고, 또 시방세계에도 들어가고, 한량없는 가지가지 몸을 나타내고, 모든 중생의 가지가지 마음을 따라 몸과 말과 뜻을 나타내기도 하고, 일체 법의 욕심을 여읜 참된 자리를 설하기도 하고, 모든 인연의 자체 성품을 설하기도 하고, 한량없는 세간과 출세간의 광대한 장엄을 나타내어 모든 중생들로 하여금 항상 부처님을 친견하게 하고, 모든 중생들로 하여금 일체 불법의 한량없는 해탈을 통달하여 구경에 위없는 저 언덕에 이르게도 한다. 이 모든 불사가 선정의 힘으로 이루어지는 것이다. 이와 같이 일체 모든 부처님은 한순간도 바른 선정을 떠난 적이 없다.

(3) 열 가지 걸림 없는 해탈

불자 제불세존 유십종무애해탈 하
佛子야 **諸佛世尊**이 **有十種無礙解脫**하시니 **何**

등 위십 소위일체제불 능어일진 현불가
等이 **爲十**고 **所謂一切諸佛**이 **能於一塵**에 **現不可**

설불가설제불 출흥어세
說不可說諸佛이 **出興於世**하며

"불자여, 모든 부처님 세존께는 열 가지 걸림 없는 해탈이 있나니, 무엇이 열인가. 이른바 일체 모든 부처님이 능히 한 티끌에 말할 수 없이 말할 수 없는 부처님이 세상에 출현하심을 나타내느니라."

부처님의 해탈은 걸림이 없는 해탈이다. 해탈이라는 것이 곧 걸림이 없다는 뜻이기 때문이다. 얼마나 걸림이 없는가.

한 티끌에 말할 수 없이 말할 수 없는 부처님이 세상에 출현함을 나타낸다.

일체 제 불　능 어 일 진　현 불 가 설 불 가 설 제
一切諸佛이 能於一塵에 現不可說不可說諸

불　전 정 법 륜
佛이 轉淨法輪하며

"일체 모든 부처님이 능히 한 티끌에 말할 수 없이 말할 수 없는 모든 부처님이 청정한 법륜 굴림을 나타내느니라."

일 체 제 불　능 어 일 진　현 불 가 설 불 가 설 중
一切諸佛이 能於一塵에 現不可說不可說衆

생　수 화 조 복
生이 受化調伏하며

"일체 모든 부처님이 능히 한 티끌에 말할 수 없이 말할 수 없는 중생을 교화하고 조복함을 나타내느니라."

일체제불　능어일진　현불가설불가설제
一切諸佛이 **能於一塵**에 **現不可說不可說諸**

불국토
佛國土하며

"일체 모든 부처님이 능히 한 티끌에 말할 수 없이
말할 수 없는 부처님의 국토를 나타내느니라."

일체제불　능어일진　현불가설불가설보
一切諸佛이 **能於一塵**에 **現不可說不可說菩**

살 수 기
薩授記하며

"일체 모든 부처님이 능히 한 티끌에 말할 수 없이
말할 수 없는 보살의 수기授記 받음을 나타내느니라."

일체제불　능어일진　현거래금일체제불
一切諸佛이 **能於一塵**에 **現去來今一切諸佛**하며

"일체 모든 부처님이 능히 한 티끌에 과거 미래 현
재의 일체 모든 부처님을 나타내느니라."

일체제불　능어일진　현거래금제세계종
一切諸佛이 能於一塵에 現去來今諸世界種하며

"일체 모든 부처님이 능히 한 티끌에 과거 미래 현재의 모든 세계종種을 나타내느니라."

일체제불　능어일진　현거래금일체신통
一切諸佛이 能於一塵에 現去來今一切神通하며

"일체 모든 부처님이 능히 한 티끌에 과거 미래 현재의 온갖 신통을 나타내느니라."

일체제불　능어일진　현거래금일체중생
一切諸佛이 能於一塵에 現去來今一切衆生하며

"일체 모든 부처님이 능히 한 티끌에 과거 미래 현재의 일체 중생을 나타내느니라."

일체제불　능어일진　현거래금일체불사
一切諸佛이 能於一塵에 現去來今一切佛事가

시 위 십
是爲十이니라

"일체 모든 부처님이 능히 한 티끌에 과거 미래 현재의 온갖 불사佛事를 나타내나니, 이것이 열이니라."

부처님의 걸림이 없는 해탈은 언제나 한 티끌에 말할 수 없이 말할 수 없는 모든 부처님이 청정한 법륜 굴림을 나타내고, 말할 수 없이 말할 수 없는 중생을 교화하고 조복함을 나타내고, 말할 수 없이 말할 수 없는 부처님의 국토를 나타내고, 말할 수 없이 말할 수 없는 보살의 수기授記 받음을 나타내고, 과거 미래 현재의 일체 모든 부처님을 나타내고, 과거 미래 현재의 모든 세계종種을 나타내고, 과거 미래 현재의 온갖 신통을 나타내고, 과거 미래 현재의 일체 중생을 나타내고, 과거 미래 현재의 온갖 불사佛事를 다 나타낸다. 이것이 부처님의 걸림이 없는 해탈이다. 부처님의 불가사의한 법이란 실로 불가사의하다고밖에 달리 더 설명할 길이 없다.

불부사의법품 2 끝

〈제47권 끝〉

華嚴經 構成表

分次	周次		內容	品數	會次
舉果勸樂生信分 (信)	所信因果周		如來依正	世主妙嚴品 第一 如來現相品 第二 普賢三昧品 第三 世界成就品 第四 華藏世界品 第五 毘盧遮那品 第六	初會
修因契果生解分 (解)	差別因果周	差別因	十信	如來名號品 第七 四聖諦品 第八 光明覺品 第九 菩薩問明品 第十 淨行品 第十一 賢首品 第十二	二會
			十住	昇須彌山頂品 第十三 須彌頂上偈讚品 第十四 十住品 第十五 梵行品 第十六 初發心功德品 第十七 明法品 第十八	三會
			十行	昇夜摩天宮品 第十九 夜摩天宮偈讚品 第二十 十行品 第二十一 十無盡藏品 第二十二	四會
			十廻向	昇兜率天宮品 第二十三 兜率宮中偈讚品 第二十四 十廻向品 第二十五	五會
			十地	十地品 第二十六	六會
			等覺	十定品 第二十七 十通品 第二十八 十忍品 第二十九 阿僧祇品 第三十 如來壽量品 第三十一 菩薩住處品 第三十二	七會
		差別果	妙覺	佛不思議法品 第三十三 如來十身相海品 第三十四 如來隨好光明功德品 第三十五	
	平等因果周	平等因		普賢行品 第三十六	
		平等果		如來出現品 第三十七	
托法進修成行分 (行)	成行因果周		二千行門	離世間品 第三十八	八會
依人證入成德分 (證)	證入因果周		證果法門	入法界品 第三十九	九會

會場	放光別	會主	入定別	說法別舉
菩提場	遮那放齒光眉間光	普賢菩薩為會主	入毘盧藏身三昧	如來依正法
普光明殿	世尊放兩足輪光	文殊菩薩為會主	此會不入定・信未入位故	十信法
忉利天宮	世尊放兩足指光	法慧菩薩為會主	入無量方便三昧	十住法門
夜摩天宮	如來放兩足趺光	功德林菩薩為會主	入菩薩善思惟三昧	十行法門
兜率天宮	如來放兩膝輪光	金剛幢菩薩為會主	入菩薩智光三昧	十迴向法門
他化天宮	如來放眉間毫相光	金剛藏菩薩為會主	入菩薩大智慧光明三昧	十地法門
再會普光明殿	如來放眉間口光	如來為會主	入剎那際三昧	等妙覺法門
三會普光明殿	此會佛不放光・表行依解法依解光故	普賢菩薩為會主	入佛華莊嚴三昧	二千行門
祇陀園林	放眉間白毫光	如來善友為會主	入獅子頻申三昧	果法門

如天 無比

1943년 영덕에서 출생하였다. 1958년 출가하여 덕흥사, 불국사, 범어사를 거쳐 1964년 해인사 강원을 졸업하고 동국역경연수원에서 수학하였다. 10여 년 선원생활을 하고 1976년 탄허스님에게 화엄경을 수학하고 전법, 이후 통도사 강주, 범어사 강주, 은해사 승가대학원장, 대한불교조계종 교육원장, 동국역경원장, 동화사 한문불전승가대학원장 등을 역임하였다.

현재 부산 문수선원 문수경전연구회에서 150여 명의 스님과 250여 명의 재가 신도들에게 화엄경을 강의하고 있다. 또한 다음 카페 '염화실'(http://cafe.daum.net/yumhwasil)을 통해 '모든 사람을 부처님으로 받들어 섬김으로써 이 땅에 평화와 행복을 가져오게 한다.'는 인불사상(人佛思想)을 펼치고 있다.

저서로 『법화경 법문』, 『신금강경 강의』, 『직지 강설』(전 2권), 『법화경 강의』(전 2권), 『신심명 강의』, 『임제록 강설』, 『대승찬 강설』, 『유마경 강설』, 『당신은 부처님』, 『사람이 부처님이다』, 『이것이 간화선이다』, 『무비 스님과 함께하는 불교공부』, 『무비 스님의 증도가 강의』, 『일곱 번의 작별인사』, 무비 스님이 가려 뽑은 명구 100선 시리즈(전 4권) 등이 있고 편찬하고 번역한 책으로 『화엄경(한글)』(전 10권), 『화엄경(한문)』(전 4권), 『금강경 오가해』 등이 있다.

대방광불화엄경 강설 제47권

| 초판 1쇄 발행_ 2016년 10월 1일
| 초판 2쇄 발행_ 2018년 3월 21일

| 지은이_ 여천 무비(如天 無比)
| 펴낸이_ 오세룡
| 편집_ 박성화 손미숙 정선경 이연희
| 기획_ 최은영
| 디자인_ 고혜정 김효선 장혜정
| 홍보 마케팅_ 이주하
| 펴낸곳_ 담앤북스
　　　　서울특별시 종로구 사직로8길 34 (내수동) 경희궁의 아침 3단지 926호
　　　　대표전화 02)765-1251 전송 02)764-1251 전자우편 damnbooks@hanmail.net
　　　　출판등록 제300-2011-115호
| ISBN　979-11-87362-30-2　04220

정가 14,000원

ⓒ 무비스님 2016

南無普賢菩薩訶訶